「伝える」極意

思いを言葉にする30の方法

草野 仁

SB新書
675

はじめに

華やかなテレビ時代の中で、取材記者として活躍できたらと思い、ＮＨＫの採用試験を受けました。

採用通知が届き、「よかった！」と叫びましたが、封を開けたらびっくり。そこには、取材記者としてではなく、「アナウンサーとして採用する」と書かれていたからです。

長崎の田舎育ちである私にはとても無理なことと思いましたが、就職試験を受けたのはＮＨＫだけ。まさか就職浪人もできません。

説明会に出向いてみると、そのとき採用された16人のアナウンサーのうち、何と15人が、私と同じ非アナウンサー志望でした。

人間は不思議なものです。入社して2カ月半の研修を受けたら、少しはアナウンサーらしくなりました。

結果として私は57年間、この仕事を続けることができました。

つまり人間は、自分で想像する以上の、驚くほど幅広い適応能力、対応力があるということです。

だから少々つまずいても、慌てることはないのです。

今、「伝える」ことに自信をもてない方が多いと聞きます。しかし、心配はいりません。大切なのは、自分を変えようとする意志です。

この本には、私の経験した57年間の「伝える」仕事を通じて培った大切なことを、なるべくわかりやすい形でまとめています。

どうぞリラックスして、ページをめくってみてください。

それでは参りましょう。

「伝える」極意

思いを言葉にする30の方法

［目次］

第2章 相手の心をつかむ「伝え方」ベスト16

第3章 「伝えた」後に実践したいシンプル4習慣

第 1 章

プロが「伝える」前にやっている10のこと

「この司会者は話が上手だな」「あのアナウンサーの説明はいつ聞いてもわかりやすい」――普段メディアを通して、そう感じる人はいませんか？

第1章では、いわゆる「伝え方・話し方のプロ」とされる人たちが、伝えたり話したりする前にどのような準備をしているのか、私の実体験や実例をもとに説明します。

もともと日本人は「伝え下手」なのです

伝え方の極意について、具体的なお話に入る前に、まずお伝えしたいことがあります。

一般的に日本人は、外国人に比べて、人前で話をすることがあまり得意ではないと言われています。交渉下手だとか、表情に乏しいとか、自信なさそうだとか、他国からいろいろと指摘されているのをご存じの方もいるでしょう。

無理もないことです。歴史的にも文化的にも、もともと日本人は、「人前で話す」経験を重ねてきていないからです。

日本人は、海に囲まれた島国で他国からの侵略をほとんど経験せず、ほぼ同じ言語を使って、おおむね平和に暮らしてきました。

とくに江戸時代には、士農工商という身分制度はあったものの、大きな騒乱もそれほど起きない社会が２００年あまりも続きました。その間、お上《かみ》（支配者）の意思は、文章で書かれた「お触れ」という形で庶民に伝わっていきました。

また、学問や教育は書物によって広まっていました。

歴史の教科書には、寺子屋で「読み・書き・そろばん」を教えていたことが書かれています。

そのような状況ですから、過去の歴史の中で、日本人が、話し言葉を用いて何か議論し合ったり、討論をしたりする場面は、ほとんどなかったと思います。

いっぽう、欧米に目を向けてみましょう。

紀元前、ユーラシア大陸と地続きの古代ギリシャなどの文明は、髪や肌や目の色の違う多様な人たちによって社会が作られていました。

さまざまな特徴をもった人たちが一緒に暮らす社会の中では、何か問題が起こったときは、解決策について一人ひとりが意見を求められます。

人々は、「自分はこういうことが原因だと考えている。だから解決のためにはこうすべきだ」と、明快に、そして論理的に意見を述べなければなりません。そうでないと「あいつは何を考えているかわからない」と見なされ、立派な社会の構成員として認められないからです。

彼らは2000年以上も前から、言葉を使って相手と交渉する経験を積んできました。それらは修辞学とか言語学、雄弁術などの学問として確立され、長い時間をかけて磨かれ、レベルアップしてきました。

一例として、古代ギリシャの代表的な哲学者のソクラテスは、相手と「対話」をすることで思索を深めていきました。

言葉を使って伝えることが必須の社会で育ってきた人であれば、仮にアナウンスの経験がなくとも「このことについて取材し、レポートせよ」と命じられたら、誰もがマイクをもって堂々と自分の見解や意見を述べることができるでしょう。

ところが日本で同じことをすると、「あいつは自分の意見をとうとうと述べる、やっかいな人物だ」「あんなに自分の主張を述べるなんて、あいつは嫌なやつだ」と、まるきり逆の評価をされてしまうこともあります。

それほど日本社会は、自分の意見を話し言葉で表明するという経験をしてこなかったのです。

話をするのがうまくないのは、個人的な能力うんぬんという以前に、日本社会全体がもつ特徴であると言えます。

このことを頭の隅に置いておくと、人前で話すことに対する苦手意識が少しやわらぐのではないでしょうか。

私が理想とするコミュニケーション

私が「こうあったらいいな」と思う、理想のコミュニケーションとは、その場に関わる人一人ひとりの思いを想像し、全員がひとつにまとまれるような場を作るよう、心をくだくことです。

それを体現されている方として、歌手の五木《いつき》ひろしさんがいらっしゃいます。

以前、私がある番組の司会を担当していたとき、ちょうど五木さんが司会を務めるBS朝日の『人生、歌がある』という番組と収録スタジオが同じで、ご挨拶がてら楽屋にお邪魔したことがあります。

五木さんは番組内でいつも、若い共演者もベテランの方もまったく同じように温かく迎え、心を込めた紹介をしていらっしゃいました。経験の浅い若手の歌手に「がんばってくださいね」と声をかけ、励ます姿は、とりわけ心に残っていました。

そんな番組ですから、出演者同士の温かい心の通い合いが伝わってきて、見終わるといつも「いい番組だったな」と感じていました。

楽屋をお訪ねしたとき、私は、五木さんが、自分の伴奏楽器を一つひとつマスターすることに挑戦していて、ついに16種類を数えたことを、雑誌の記事で読んで知っていました。

そこで「五木さん、楽器を16種類マスターされたと聞きましたが、現在はいかがですか」と聞いてみました。

すると五木さんは、「18種類になりました」とお答えになったのです。

私はそれを聞いて大いに驚き、感銘を受けると同時に、「今や押しも押されもせぬ大スターとなった五木さんが、なぜそんな挑戦をしているのだろう」と思いをめぐらせました。

五木さんは、十代でデビューした当初、歌がとてもうまいのにもかかわらず、なかなかヒット曲に恵まれず、何年もの低迷期を過ごしました。

だからこそ、華やかな歌手の後ろで、歌を引き立てるために演奏をしている人たちの様子がよく見えていたのでしょう。

どれだけ優れた歌い手でも、周りの人たちが素晴らしい演奏をして盛り立ててくれないと、聞き手の心に響く歌を届けることはできません。

五木さんは、一つひとつの楽器を手に取り演奏してみることで、おそらく、演奏する人の立場に立ってみようとしたのでしょう。そして、この楽器のどこが難しいのか、どうすればより一層よい演奏ができるのかを、自分で実際に弾きながら体感し、身につけていったのだと思います。

弾く楽器が変われば、響く音も聴かせたいポイントも変わります。歌い手の自分も含めた演者全員が心を合わせて一体となり、演奏のレベルをより高いものに引き上げていきたい。そのために、演奏者の気持ちを少しでも理解しておきたい。

五木さんはそんな気持ちで、楽器を手にとり、練習を重ねてきたのだと想像するのです。

そしてさらにお話を聞いて驚いたのは、「自分が生きている歌謡曲の世界は、先人たちが築き上げてきた約１００年あまりの歴史があります。私はその中にいる歌手の一人として、その方々がどのような想いで詞を書き、どのように工夫しながらメロディーを作って来たのかを、詳細に勉強しなければいけないと思っているのです」とおっしゃったことです。

こんなにも高い理想をもって歌謡曲の世界に生きながら、周囲の全ての方に優しく接している。

私はそんな人が実在しているという事実を知り、「五木さんこそ、歌謡界の大いなる偉人だ」と、深く感じ入りました。

自分ひとりが目立ったり、よい地位で優遇されたりすることを望まず、相手の身になって心を寄せ、その場にいる全員が素晴らしいものを生み出せる場を作っていける。これこそまさにプロが「プロ」たるゆえんです。

五木さんの司会ぶりは、人と人とのコミュニケーションのあるべき姿を見せてくれているように感じます。

相手を知るために欠かせない「情報収集」

私がインタビューの前に必ず行っているのは、取材対象となる方の情報を、できる限り多く集めておくことです。

相手に失礼のないように、ということはもちろんですが、不安なく、確信をもってその場に臨むためには、十分な下調べが必須です。できる限り細かく、具体的な情報を集めるように心がけています。

幸い、今はネットワークが高度に発達した情報社会ですから、昔よりもはるかに情報を集めやすくなっています。以前は新聞、テレビ、情報誌などのメディアが主な情報源でしたが、近年は圧倒的にインターネット、なかでもSNSが主体になりました。

そして集めた情報の中から、相手に何を聞くかを絞り込んでいきます。

たとえばテレビでのインタビューの場合は、知り得た情報の中で、自分がいちばん「知りたい」と思ったところはどこか。

また、視聴者のみなさんがいちばん知りたいところはどこなのか、その両面から検討していきます。両者がぴったり合致するときもあれば、そうでないときもあるのですが、そこからぶれないように、しっかり詰めていこうという気持ちで取り組んできました。

例として、松井秀喜《まついひでき》さんへのインタビューを思い出します。

松井さんは読売巨人軍で10年間活躍し、2003年にアメリカ大リーグのニューヨーク・ヤンキースに入団した後、2009年のワールドシリーズで日本人初のMVPを獲得するという素晴らしい成績を収めた選手で、現在はヤンキースのGM特別アドバイザーを務めています。

松井秀喜さんといえば、打席に立てばファンの誰もが驚くほどの距離が出るホームランを期待する。それでいて、生真面目で礼儀正しい選手であり、「ゴジラ」の異名をもっていながら、子どもたちが心からあこがれるプレーヤーでした。

私は、彼が読売巨人軍に在籍している頃から「とても誠実で素敵な選手だな」と、好感をもって見ていました。そして彼がアメリカにわたった2003年から5年後の2008年、ヤンキースのキャンプ地のフロリダで取材をする機会に恵まれたのです。

そのとき、私が彼にいちばん聞きたかったのは、1992年の全国高校野球選手権大会の2回戦、明徳義塾高校との対戦で、5打席連続敬遠をされたときの心境でした。それは甲子園の高校野球大会では初めてのことでした。

彼のいた星稜高校は2回戦敗退となりましたが、このときの甲子園球場は、ヤジを飛ばしたり、物を投げ込んだりするお客さんで試合が中断するなど、大荒れでした。試合終了後も、主催の高校野球連盟が記者会見を開くなど、社会問題ともなりました。

私は以前から、5打席連続敬遠という、高校野球ではいまだかつてなかった経験をしたとき、どんな心境だったのかをどうしても聞きたいと思っていたのです。松井選手からは当然「いやあ、1回ぐらいは打ちたかったですね」という言葉が返ってくるだろうと想像していました。

ところが、彼にそのことを尋ねると、平然とした表情で「いや、実はあの試合の9回の攻撃で僕の前のバッターが2アウトから3塁打を打って出塁したので5打席目が回ってきたんです。それがなければ4打席で終わって、あの騒ぎにはならなかったと思います」と、どこまでもクールな答え。「絶対に自分とは勝負してこないと思っていたので、まっすぐ1塁まで歩くしかありませんでした」と話してくれました。

そこには、興奮も動揺もなかったそうです。

いらだちも怒りもなく、当時18歳の高校生が、なぜそんなに冷静でいられたのでしょうか。

実は松井選手は小さいときから、父親に「人間万事塞翁が馬」という言葉をくり返し聞かされて育ったそうです。「人間、いつどんな状況に追い込まれるかわからない。そんなときも、慌てずにしっかりクリアできる冷静な心構えをもちなさい」と。

彼は、今がまさにそのときだと気がついたので、心を乱すことがなかったと話してくれました。これには驚くと同時に、「高校3年生で、何と大人なのだろう」と、彼の人間性の奥深さに感動したものです。

自分が松井選手の立場だったら、不平不満をぐちぐちと述べたかもしれません。本当に少年の心を超越した、立派な大人がそこにいたのです。

アメリカでの松井選手の取材では、どこへ行っても、彼の人間性が高く評価されていることを知りました。

キャンプ地では、松井選手のサインを求めて、ファンが長蛇の列を作っていました。私は、その列の中で嬉しそうに並んでいた一人の女性に「どうして松井選手が好きなのですか」と質問しました。

するると彼女は「彼は、レフトの守備で打球を取ろうとして左手首を骨折したとき、『ファンのみなさまに心配をかけて申し訳ありません』と謝ったのよ！　今まで、ファンに対して謝罪したのは松井選手だけ。こんな素晴らしい人はいないわよ」と、熱心に説明してくれました。

また、二人の子どもを連れた男性は「子どもの教育を考えたら、松井選手しかいない。子どもたちも、ヒデキのことが大好きだからね」と答えてくれました。

事実、松井選手の素晴らしい人柄は、子ども向けのアニメ映画にも登場するほどに知れ渡っていました。彼は、病気の少年がヤンキースのスター選手と出会って人生を学んでいくアニメ作品『ヘンリー・アンド・ミー』に登場。プロデューサーが広げて見せた宣伝ポスターには、松井秀喜を中心に、左側にはアレックス・ロドリゲス、右にはヤンキースのキャプテンのデレク・ジーターが描かれていました。

プロデューサーいわく「子どものお手本になるのは松井選手しかいないでしょう」

とのこと。取材している私たちも、これには大変驚き、素晴らしいことだと感じました。

ひとしの金言

具体的な情報を、十分な量集めておく

気になる言葉は調べ、人に説明して身につける

情報収集と同様に、気になる言葉や新しい言葉に出合ったら、すぐに調べることも

大切です。とくに私たちの仕事では、調べることは当たり前。できればなるべく詳しく掘り下げて、誰に対してもわかりやすく説明ができるくらいの段階まで到達するのが理想的です。

それが達成できているかどうかは、一緒に仕事をしている身近な人や、あるいは家族などに「これはこういう意味の言葉なのだけれど、今の説明でわかった？」と聞いてみるのがいちばん手近な判断材料となります。

生成ＡＩを相手に「この説明がわかりますか」と聞いてみる方法もありますね。「今の説明をさらにわかりやすくして」と尋ねれば、よりよい言い方を提案してくれそうです。便利な世の中になりました。

しかしながら、ＡＩに頼って、手っ取り早く「正解」を見つけることが本来の目的ではありません。自分の頭を使って考えること、そこにエネルギーを注ぐことに意味があるのだと思います。

相手や場面によって、とっさに表現を変えたり、言葉を足したりする能力は、自分で考える習慣がついていないと難しいからです。

「この言い方で相手に伝わるだろうか」「いや、まずはこの部分を説明しよう」などと、言葉の性質を理解し、使い方を工夫する時間がどれだけあったか。

ともすると無駄な作業にも思えますが、そこで使った時間こそが「伝える力」に結びついていくのです。

AIは、どうしても必要なときの最後の手段にしておきましょう。

具体的な例としては、少し前になりますが、SDGsという言葉が話題になっていました。これは2015年に国連総会で採択された、持続可能な開発のための17の国際社会共通の目標です。日本の達成度は167カ国中18位（2024年）となっています。

私たちの仕事では、17の目標の内容にまで踏み込んで解説できる立場が求められますが、皆さんの日常生活ではこれくらいの基本的な知識があるとよいでしょう。

17のゴールといえば、「貧困をなくそう」「飢餓をゼロに」そして「全ての人に健康と福祉を」、さらに「海の豊かさ、陸の豊かさを守り」、「全ての人に平和と公正を」などの目標です。

最近では、「日本版ＤＢＳ」という言葉が気になりました。すぐに調べたところ、これは要するに、子どもたちを預かる施設などで働いている人の中に、性犯罪をした人がいないかどうかを、問い合わせによって調べることができるという法案です。ＤはDisclosure（開示）、BはBarring（禁止）、SはService（サービス）。この頭文字をとって「ＤＢＳ法案」。２０２４年の6月に成立しました。

今は、新しい言葉が次々に登場してきます。「タイパ（タイムパフォーマンス）」のように、日本独特の略し方をする言葉は、聞いただけではわからないことが多いのです。「ガクチカ（学生時代に力を入れたこと）」も、初めは「学校に近いところかな」と思いました。意味を知ったときは、「なるほど、そういう言い方をするのか」と驚きました。

そんなとき、「これ、何だろう」と気になったらすぐにスマホを取り出して検索する。そうやって情報をキャッチするアンテナをいつも広げておくことが大事ではないでしょうか。

ただし、検索して出てきたこと全てが正しいとは限りませんので、情報をしっかりと吟味・選別・確認することもお忘れなく。

ひとしの金言

気になる言葉や新しい言葉に出合ったら、すぐに調べる

相手が求めるものを汲みとることも「情報収集」のひとつ

相手にまつわる事実やエピソードを調べることはもちろんですが、相手が自分に何を求めているか、また、インタビューに何が求められているのかを汲みとることも、実は大事な「情報収集」です。

相手が求めるものにうまく応えられると、伝えたいことがより印象的に伝わり、それが相手にも、自分にもよい結果をもたらします。結果的に、その場が活気づき、思いもよらない成果を上げることができるのです。

2015年に日本テレビ『メレンゲの気持ち』にゲスト出演したときのことです。その回の出演者に、スピードワゴンの井戸田潤《いとだじゅん》さんがいらっしゃいました。

私は自分が司会をする番組だけでなく、ゲストとして出演する際にも、ご一緒する方の情報を事前にいろいろと収集してスタンバイするようにしています。

ちょうどその頃、井戸田さんの持ちネタの「ハンバーグ師匠」がヒットしていました。「オレだよオレ、ハンバーグだよ！」の口上で始まり、最後は「ハンバーーーーグ！」で締めくくるネタなのですが、私はそれが大好きで、YouTubeで見て完璧に覚えていました。

そこで、収録当日の打ち合わせで「ハンバーグ師匠のネタ、できますよ」とスタッフに伝えましたら、その提案が採用され、井戸田さんがやる予定のところ、私が内緒でやることになったのです。

結果は大成功でした。収録に参加したお客さんも大喜びで、スタジオ収録としては、こんな予想外の展開はないというほどの盛り上がりを見せました。司会の久本雅《ひさもとまさ》美《み》さんにも大変満足をいただいて、後日直筆のお礼状をいただいたほどです。

実はこれより前の2005年4月から2009年9月まで、浅草キッド（水道橋博士《すいどうばしはかせ》さんと玉袋筋《たまぶくろすじ》太郎《たろう》さんによる漫才コンビ）のお二人からオファーを受けて、『草野☆キッド』というバラエティ番組に出演していました。

番組の中で、お二人に私の新しい一面を引き出してもらって、「こういうふうにやるとみなさんが喜んでくれそうだな」という、何となくの勘どころを少しだけつかめていたのかもしれません。

ひとしの金言

相手が自分に何を求めているかを推察する

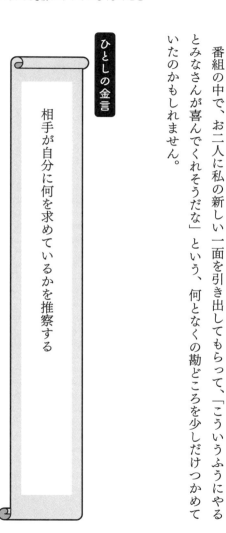

タスクの大小に関係なく、全神経を集中して準備する

私がNHKに採用されてアナウンサーとしての研修を終えた後、最初に赴任したのは鹿児島放送局でした。その後福岡、大阪と、地方局での勤務を経て、東京に戻って来られたのは入局して11年目のことでした。

NHKのアナウンサーが10年ほどで東京に帰ってこられる割合は、おおむね5人に1人。結構「狭き門」です。私は幸運だったと言ってもいいと思います。主にスポーツを担当していました。

「○○という仕事について10年」といえば、一般的には、ある程度キャリアを積んできたと言えるでしょう。

しかし、東京のアナウンス室には、15年、20年、25年、さらにそれ以上のキャリアをもつ猛者がゴロゴロしています。私はいちばん下っ端でした。

ですから任される番組も、「NHK杯学生フェンシング大会」や「NHK杯学生馬術の障害飛越《ひえつ》」など、一般的には話題に上ることの少ないものばかりでした。

しかしそのときにふと、この大会に出るために切磋琢磨してきた選手たちや、選手を支えてきたコーチ、応援してきた家族や友人の存在に思いが至りました。

彼ら選手の活躍を見るために、一年に一度の放送を楽しみに待っている人たちがいる。だから、一般の視聴者の関心が薄いからといって、決しておろそかな放送をしてはならない。選手にとっては大切な場所なのだから、それに値するような放送をするべきだ。そう思ったのです。

そこで、放送中にどんなことが起きてもきちんと解説ができるよう、各競技ルールに精通しておくように努めました。また、選手たちをよい形で紹介できるよう、可能な限り取材をすることも心がけ、必死に取り組みました。

組織というのは面白いもので、一人ひとりの仕事ぶりを、ちゃんと見ている上司がいます。あるとき「ここまで結構、一生懸命にやってきたな。来年はひとつニューヨークに行って、全米オープンテニスの中継をやってみろ」と声をかけられました。

この経験によって感じたのは、小さな仕事に全神経を集中してやり遂げるという経験を積み上げていってこそ、大きな仕事に取り組んだときに、実力を発揮できるのだということです。

仕事を通じてそのことを感じ取れたのは、私にとって、とてもよい経験でした。

小さなタスクにも真摯に向きあうといえば、武豊《たけゆたか》さんのことを思い出します。

武さんは日本を代表する騎手で、デビュー1年目から69勝をあげ、JRA賞最多勝利新人騎手賞を獲得し、2年目には、国際的に最高の格付けのレースであるG1でも優勝しました。以降、ほぼ毎年のようにG1での勝利を重ね、中央競馬の通算勝利数は前人未到の4500勝を超え、さらに上を目指そうとしている、史上最高の素晴らしい騎手です。

武さんが初めてG1を獲得した頃、彼の実家まで伺ったことがありました。その頃はまだ若手で、フリー契約ではない、厩舎《きゅうしゃ》に所属する騎手という立場でした。ですから毎朝馬の世話をするために、朝の2時、3時頃から仕事を始めていました。

その後、5時、6時頃から、次のレースに出る馬の調教がお昼前の11時近くまで続き、やっと朝食。それからひと休みして、今度は自らのトレーニング。加えて技術書を読んだりと、大変忙しい日々を送っていることを知りました。

私は「騎手の仕事は本当に大変ですね」と声をかけました。ところが彼からは「そんなふうに思ったことは一度もありません」という、きっぱりとした大声が返ってきました。

理由を尋ねると、「騎手という仕事を自分が選んだのは、父・武邦彦《たけくにひこ》がジョッキーとして素晴らしい活躍をしている姿を見て、自分もそうなりたいと思ったからです。自分で選んだ以上は、細かい仕事もやり遂げるのは当たり前のことです。当然と思っていれば、苦しいと感じることは絶対にありません」と言うのです。

私は、彼のきっぱりとした返答に一瞬驚きながらも、「確かにそうかもしれないな」という思いがしました。

以来、自分も仕事で行きづまっているときなどに、彼の言葉を思い出します。すると、やり遂げて当然のことには、辛さや苦しみは感じないものだということに気付かされるのです。

若くしてその境地に至っていた彼は、本当に素晴らしい。さすが天才と言われるだけのことはあります。その後『日立 世界ふしぎ発見!』にも、何度か出演していただきました。

思っていた通り、とてもクレバーな解答者でした。

ひとしの金言

小さな仕事にも全神経を集中してやり遂げる

上品で正しい日本語を身につけるための習慣とは

「はじめに」でお伝えしましたように、私はもともとアナウンサーになろうと思ってNHKを志望したわけではありません。

大学では社会学を学んだこともあり、いろいろな人間行動についてきっちり取材をしてリポートをする、取材記者の仕事をしたいと思っていました。

当然、ニュース原稿を読んだり、人前で何か話をしたりした経験もありませんでした。そんな人間がアナウンサーとして一人前になるには、果たしてどうすればよいのか。修業していく上で、何がいちばんのポイントになるのか。私は考えました。

一般的に「アナウンサーに必要なこと」と聞いてすぐに思いつくのは、滑舌がよいとか、早口言葉を滑らかに言えるといった技巧的なことかもしれません。それらも確かに大切なことです。

しかし、私は「それは本質的な問題ではないな」と思いました。

むしろ、「日常使う会話のレベルを引き上げることがいちばん大事なのではないか」という考えに至ったのです。

日常会話と放送用の会話は、通常は別物として考えられています。ですが私は、もしも日常会話が録音されて流されたとしても、放送として通用するくらい、自分の会話のレベルそのものを上げていくのが大事ではないだろうかと思ったのです。

「レベルを上げる」とは、難しい語を連ねて高度な表現をしてみたり、流暢《りゅうちょう》なおしゃべりを繰り広げたりすることではありません。誰にでもわかる易しい言葉を使って、誰もが耳にした瞬間に「そうそう、そうだ」と理解できる会話をする、ということです。

つまり、**「伝わり方」のレベルを上げる**ということです。

そして、どこを切り取って放送に使っても、何ら問題なく通用する会話が、普段からできていること。それこそがアナウンサーとしていちばん大事なことだと思ったのです。

誰にでもわかる易しい言葉を使う

アナウンサーでなくてもできる「耳学」のススメ

もうひとつ心がけたのは、同僚であるアナウンサーの放送を一生懸命に「聴く」ことでした。

私が新人だった当時、NHKには全国に約600人のアナウンサーがいました。新人としては当然、「常に上手なアナウンサーとは、一体どういう人なのだろう」と関心をもちます。そこで私は、さまざまな地方局のアナウンサーのラジオでのアナウンスの声を録音して、聴き比べをしてみました。

そして、「うまい」と言われているアナウンサーの放送を聴いては「メリハリがとてもよく利いていて、聴く人に強い印象を与える話し方だなあ」とか「一つひとつの言葉をゆっくり、はっきりと言っているな」など、特徴を見つけ、自分なりに工夫し、いいところを取り入れていきました。

人の耳とは不思議なものです。600人あまりの同僚たちの声を聴き続けているうちに、ふと流れてきたラジオの音声から「これは山口放送局の、○○年入局の△△というアナウンサーだ」と、かなりの確率で声の主を識別できるようになりました。

放送の仕事をしているから当然とも言えますが、それほどに、自分の耳の「聴く力」が研ぎ澄まされていったのでしょう。

さらに続けていくうちに、評価を受けているアナウンサーのどこがいいのかだけでなく、ここを直すともっと上手になる、といった点まで判断できるようになっていきました。

アナウンサーに限らず、「この人の話は聞きとりやすいな」とか「あの人のような話し方がしたい」と感じた人の話し方に耳を傾けてみると、何か自分に取り入れられそうなことがきっと見つかるのではないでしょうか。

ポッドキャストやYouTubeに登場する語り手の方の中にも、独特の感性をもっていて、非常にうまい伝え方ができる人がいます。「なるほど、こういう言い方もあるのか」と発見することもありますから、なるべく多くの「伝え方」に接してみるのは必要だと思います。

私は、同僚たちの放送をたくさん、一生懸命に聴いたことが、自分自身の向上のために役立ったという気がします。

ひとしの金言

話し手として見本になる人の語りを聴く

会話の引き出しは「全方向」から

他の人とコミュニケーションを円滑にとるには、自分の中に「引き出し」をたくさんもっておくことも大切です。

日々のニュースや時事的なことはもちろんですが、相手との会話をうまく続けるには、さまざまなテーマのネタをストックしておきたいものです。

私の場合は仕事上、若い方たちと交流する機会がたくさんあります。トークのお相手やゲスト以外でも、ヘアメイクやスタイリスト、番組の打ち合わせをするディレクターなど、さまざまな職業の人がいます。

彼らのもってくる話題はとても新鮮で貴重です。私はできる限りフランクに、自分が今気になっているトピックを話したり、「番組のことでわからないことはある？」などと尋ねたりして、いろいろな角度から話をするようにしています。昔からずっとやっていることです。

自分の知らない話題が出てきて、「どういうものか教えて」と尋ねることも多くあります。

自分の立場や年齢にこだわらず、常にオープンな姿勢でいること。年代や性別、職業の違いを超えて、なるべく幅広いジャンルの人たちとコミュニケーションを交わす習慣をもつこと。

これは自分自身の幅を広げる上でも、とてもいいことだし、大事なことだと思います。

ひとしの金言

自分の中に「引き出し」をたくさん準備する

エンターテインメントにもヒントはたくさん

引き出しを増やす、ということで言えば、何かひとつでもふたつでも、自分が好きなジャンル、趣味と言えるものをもっておくのも大切かと思います。

メディアに関わる我々の仕事は、とにかく何にでも触手を伸ばしておかないといけないのですが、とくに私が好きなのは映画です。高校時代から、「1年に100本観る」ことを目標にするほど大好きです。今は30本くらいは観ているでしょうか。

昔は映画館に出かけないと観られませんでしたが、今ではNetflixやAmazon Prime Videoなどで、思い立ったらすぐに観ることができます。

少し前の映画になりますが、心の中にずっと残っている作品のひとつは、ロバート・デ・ニーロ主演の『ミッドナイト・ラン』（1988年）です。デ・ニーロ演じる孤独な賞金稼ぎのジャックと、彼に捕まった心優しい犯罪者ジョナサンの逃避行を描いたアクションコメディです。観終わったときに心がほっとする、何とも言えないほろにがい余韻を残す作品で、デ・ニーロ自身も、もっとも好きな出演作のひとつだと述べています。

今は『ジャック・リーチャー　～正義のアウトロー～』や『BOSCH／ボッシュ』など、アメリカの活劇もののドラマシリーズが好きで、3カ月でワンシーズンのものなどをよく観ています。人からすすめられたものも、よく観ています。

それから以前は、アメリカのプロレス団体、WWEの試合などもお気に入りでよく観ていました。選手たちの完成された肉体美やよく考えられた決め技、そのネーミングはとても個性的でした。動きで魅せるだけでなく、マイクパフォーマンスも素晴らしく、話し手の立場から見ても感心するほどでした。

今はハリウッドのスーパースターとして大活躍の「ザ・ロック」こと、ドウェイン・ジョンソンのスピーチ力は、舌を巻くほどの素晴らしさです。

2024年には5年ぶりの日本公演が行われ、かつての盛り上がりを思い出させます。かつて取材したときに撮った「ザ・ロック」とのツーショット写真は、私の宝物のひとつです。

このようなエンターテインメントの作り方にしても、アメリカのプロは、観たいと思うものを本当に魅力的に作り出します。会話のやりとりも大変ウィットに富んでいて参考になるので、そういった作品はなるべく観ておきたいです。

話すことに直結するようなものでなくとも、ヒントになるものは身の回りにたくさんあるのではないでしょうか。

ひとしの金言

自分が好きなジャンル、趣味と言えるものをもっておく

あがらないためには「うまくやろう」と思わないこと

「草野さんは、人前で話をしたり、インタビューをしたりするときに、あがることはないのですか」と質問を受けることがあります。

確かに、そうなってしまうことはほぼありません。ただ、経験のない新人の頃に一度、緊張して失敗をした経験があります。

最初の赴任地の鹿児島放送局で、赴任早々、県知事へのラジオのインタビューを命じられたときのことです。「県知事＝偉い人」という認識でしたので、失礼のないようにと最大限気を遣いながら臨みました。

しかし何しろ、インタビュー自体が初めての経験です。私の様子があまりにもかしこまりすぎて、ぎこちなかったのでしょう。後日、聴取者の方から「聞き苦しかった」というお便りをいただきました。

そのときの自分を振り返ると、確かに、そう言われても仕方なかったかなと思います。

このような失敗をしないためには、まずは、準備を万全にすることが必要です。準備をきちんとすることは、仕事がうまく運ぶための必須条件ですが、もうひとつ、自分の気持ちを落ち着かせる働きがあることにも注目してほしいです。

準備が不十分だと、「ちゃんと調べていない、大丈夫だろうか」と、不安な気持ちを引きずったまま取り組むことになります。その結果、思ったように話せなかったり、臨機応変に対応できなかったりして、自分の実力を発揮できない可能性が高くなります。

みなさんにも心当たりがあるのではないでしょうか？

たとえば、就活や転職などの面接シーン。同時進行で各社の選考が進むため、もしかすると中には応募先の企業情報について深く調べきれていないまま面接に挑んだ経験があるかもしれません。

ただでさえ、初対面の人に自分のことをアピールしなくてはいけないという重圧を感じる場なのに、それに加えて相手企業のことを調査しきれていない不安感にまで押しつぶされ、思うように言葉が出てこなかった……何事も準備が不十分だと、そのようなことになってしまいかねません。

また、「うまくやろう」と思わないことも大切です。

「うまくやろう」と思えば思うほど、少しのミスでも「しまった」と、焦ったり動揺したりします。その結果、失敗を取り消すどころか、焦りの気持ちに支配されてしまい、思いもよらない結果に終わってしまうことも多いのです。

準備をすることは、心の余裕を作ることでもあります。「十分な準備ができた」と納得することで、「人前で話しても大丈夫だ」という精神状況を無理なく作り出すことができるのです。

自分が本来やるべきことを、しっかりと間違いなくやり通そうという気持ちで向かっていけば、結果はおのずとついてくるでしょう。

ひとしの金言

まずは、準備を万全にし、「うまくやろう」と思わない

自分の「いい声」を探そう

自分の声がどんな声なのかを知るのも、自信をもって話すには大切なことかなと思います。

簡単にできるトレーニングとしておすすめしたいのは、声が反響する場所で、しゃべりたい内容を声に出して言ってみることです。普段話す声のボリュームよりも一段大きく、思い切って声を出してみてください。

お風呂なら、湯船に浸かりながら、リラックスしてできそうですね。エコーがかかると「案外、いい声をしているな」と、自分の声のいいところにも気付きやすいです。スピーチなど時間制限があるものの練習には、タイマーを使うとよいでしょう。

声を出すといえば、歌もおすすめです。私は歌うのも大好きで、過去にはCDも出したことがあります（「明日への扉／男でありたい」２０００年・株式会社テイチクエンタテインメント）。

もちろん、カラオケも大好きです。一人カラオケで思い切り歌うと、ストレス解消になり、気分もスッキリします。お腹から声を出すのは健康にもよいですから、ぜひ試してみてはいかがでしょうか。

また、タレントや政治家など、話し方に特徴のある人、「個性的で面白いな」と感じた人の「ものまね」に挑戦するのも、自分の声の質や、出せる声色の幅を知るのによいと思います。

ひとしの金言

自分の声がどんな声なのかを知る

ミニコラム①：スポーツアナウンサーを選んだわけとは？

私は、報道記者を志望してＮＨＫを受けました。課題だと感じたことを自ら能動的に取材して伝える仕事がしたかったからです。

しかし採用されたのは、希望した記者ではなく、アナウンサーでした。

アナウンサーは基本的に、ニュース原稿が届くのを待ってそれを読むという、どちらかといえば受け身の仕事です。能動的に動いて伝える仕事がしたかった私は、「アナウンサーの仕事の中で、自由に動けるのはどこだろう」と考えました。そして、スポーツ分野に活路を見いだしました。

スポーツは、まだラジオ放送が中心だった時代から、アナウンサーが自由に取材・放送をしていた分野でした。そんなことができるのは、唯一、スポーツだけだったと言ってもいいかもしれません。

私は小さい頃から運動がとても得意で、スポーツにまつわるいい経験や思い出をたくさんもっていました。

中学校から高校2年までは、陸上で短距離と走り幅跳びをやり、地区のトップレベルに届いていました。大学入学後、教養課程の体育の授業で野球のキャッチボールをしていたら、野球部監督から「肩がいいな、うちに来ないか」とスカウトを受けたこともあります。

相撲好きは小さい頃から。大学4年の夏休みに帰省したとき、たまたま誘われて参加した国体の予選を勝ち抜いて、県の代表選手に推薦された、などということもありました。

決まり切った原稿を読むアナウンサーの仕事の中で、スポーツ分野なら、自分で取材したことを、自分の意思や思いでもって自由に伝えることができるのではないか。

私はそう考えて、スポーツアナウンサーの道を選んだのです。

第 2 章

相手の心をつかむ「伝え方」ベスト16

第2章では、他者の心をつかむための「伝え方」の極意として、私がお伝えしたいことをご紹介していきます。これらを心がけるだけで、仕事も、そして人間関係も、恋愛もうまくいくかもしれません。

1 あなたの言葉はなぜ「伝わらない」のか

Q：情報をわかりやすく伝えたいとき、どちらの言い方を選ぶ？

↓①漢語の多い文章

↓②「言葉をひらいた」文章

いろいろと準備を調え、下調べも万全。何度も練習をしたけれど、自分が期待するほどには、相手に話が伝わっていない気がする。

しかし、何がよくないのかがわからない……。こんな思いをしたことはないでしょうか。

もしそうなら、ご自分が使っている「言葉」について振り返ってみましょう。ひょっとすると、使い方に原因があるのかもしれません。

私たち放送に関わる人間は、相手が聞いた瞬間に理解できる言葉、平易でわかりやすい言葉を使うことを徹底して心がけています。これを私は「言葉をひらく」と呼んでいます。

言葉に関する仕事をしていると、自然と語彙は豊富になります。

ですがそのぶん、聞いた相手が「えっ、それは何？」と迷ってしまう言葉をとっさに使ってしまうこともありうるのです。

そうなると相手は「あの言葉は一体何だったのだろう」と立ち止まって、そこから先の話が頭に入ってこなくなります。

そうならないためにも、私は徹底して「言葉をひらく」ようにしています。

とくに気をつけている言葉の代表例は「漢語」です。漢字二文字の言葉は、文字を目で追うときにはすらすらと理解できますが、耳で聞くだけのときは、判断に迷いやすい言葉なのです。

実際に、話し言葉の中に二字熟語をたくさん使ってみましょう。

例：日本政府は、調査の意義を確認する義務があります。

どうでしょう。聞いたときに「〝しょうさ〟かな、〝ちょうさ〟かな」「〝いぎ〟とは、意義？　それとも異議？」など、迷う部分がたくさん出てきますね。

また、言い回しも全体的に堅い印象です。

それよりも、

例：日本政府は、調べて明らかになったことを確かめなければなりません。

と言い換えてみたほうが、聞きとりやすく、わかりやすくなりますね。

同じように、「討論する」は「話し合う」。

「精査する」は「よく調べる」。

「発言する」は「言う」または「おっしゃる」。

このように、できるだけ「ひらいた言葉」に変換して伝えるようにしています。

とはいえ、いつも誰にでもわかる言葉を使えるとは限りません。今は、新しい言葉もどんどん登場していますから、日本語訳の追いついていない横文字をそのまま使わざるを得ないこともあります。

そのときは、放送であれば、ボードに言葉を書いて「こういう意味の言葉です」と説明をしてから本題に入るようにします。読み方も、もとの発音になるべく近づけます。

時間の制約があるニュース報道でそこまで細やかに説明するのは難しいかもしれませんが、見ている方たちの理解を進める上では、そのくらいの努力をしなければいけないと思っています。

仕事のプレゼンテーションや面接でも、難しい用語を使って自分を恰好よく見せようとせずに、あくまでも相手（聞き手）ファーストの姿勢を心がけることが、最終的には良い結果につながっていくでしょう。

ひとしの金言

聞いたときにすぐ意味の伝わる言葉を使う

2 相手の気持ちを引きつけるテクニックとは

Q：話の中で具体的な数字は何回使うべき？

①　なるべく多く使う

話を聞いていて、思わず「うまいな」と感心する方は、話の中に必ず「ここだ」と印象づける部分をもってきます。

ひとつが、「正確な数字をバシッと使う」というやり方です。

② 1回だけ使う

昔、田中角栄《たなかかくえい》という、当時一世を風靡《ふうび》した総理大臣がいました。田中氏は、中央工学校の夜間部を卒業した人で、他の政治家のように高学歴を修めた人ではありませんでしたが、当時の戦後最年少の54歳で総理大臣になった方です。

田中氏は、遊説《ゆうぜい》先などで人々に向かって演説するとき、話の中に必ず具体的な数字を入れていました。「この度はどこそこの道路を改修してよりよい道路にしていく、予定した予算は233億5千何百何十万円である」と、聴衆がびっくりするような細かい数字を正確に述べるのです。

すると聞いている人は「よくそこまで覚えているな」「233億5千何百何十万円なんてすごいな」と、話にぐっと引きつけられます。そうやって相手に自分の話を印象づけることが大変お得意でした。

もう一人、同じ方法で人気を博していた方がいます。それは元NHKの名アナウンサー、鈴木健二《すずきけんじ》さんです。

鈴木さんは『紅白歌合戦』の司会を何度か務めたこともありますが、もともとは学術的な分野への造詣が深い、学者肌のアナウンサーでした。

代表番組の『クイズ面白ゼミナール』は、司会の鈴木さんが「主任教授」となり、ゲスト解答者の「学生」にクイズを出題するという形式で人気を呼び、最高視聴率42・2%を記録しました。

鈴木さんは解説をするとき、「昭和30年の総人口は8927万5529人でした」などというふうに、正確な数字をバシッと出してきます。しかも、数字を出すのは一回限りです。

このように、話の中に数字が入ると、内容が具体的になり、説得力が生まれます。鈴木さんは、人の気持ちを引きつけるような吸引力のある数字の使い方がとても上手な方でした。

ですが、気をつけてください。これを何度もやってしまうと、かえって印象に残らなくなるのです。

田中角栄の後輩にあたる有力政治家の話です。

私は一度、彼の自宅から遊説先まで、取材のためにご一緒したことがありました。彼も数字には強くて、細かい数字をとてもよく覚えてました。演説の中にも、「このときの予算はいくらで」とか「次の目標が何パーセントで」と、いくつもの数字を出していました。

しかし、一度目の数字を聞いて「ほう、すごいな」と感心していた人も、同じようなことが二度三度と続くと、次第に「またそんな細かい数字か」という気持ちに変わってきます。

田中氏が得意だったやり方を模倣してみたけれども、効果的な使い方ができなかったために、魅力的な話し手としての強い説得力をもちきれないで終わりました。

相手の気持ちをこちらに引きつける方法を知っていたとしても、それだけでは相手に伝わりません。上手な使い方をしないと、場合によっては失敗してしまうこともあるのです。

ひとしの金言

印象に残したい数字は「ここぞというとき、一度だけ」

3 自分を印象づけたいときには

Q：人前で話すとき、持ちネタとして便利なのは？

↓

① 成功談

②　失敗談

取引先相手のプレゼンテーションや研究発表など、大勢の前で話すときは、「失敗しないようにしよう」と、つい力が入ってしまいます。すると、緊張が聞き手にも何となく伝わって、空間全体が重苦しいものになりがちです。

そんなときのためにもっておきたいのが、「失敗談」です。

面白い失敗談には、笑いとともに、その場の空気をフッと和ませる作用があります。「何だか初めから空気が堅いな」と感じたら冒頭に、「どうも中だるみしてきたような気がするな」と思うなら中盤に、「最後に思い切り笑ってもらって、勢いをつけよう」と考えるなら締めのあたりにと、流れを見極めて挟むことができればベストです。

失敗談の例として、アナウンサーの読み間違いをご紹介しましょう。

まずは、ＮＨＫで私の2年後輩だった松平定知《まつだいらさだとも》アナウンサーの話です。松平さんは、『連想ゲーム』や『NHKスペシャル』『その時歴史が動いた』など、多くの番組で名司会ぶりを発揮しました。

そんな彼が、初任地の高知放送局で天気予報の放送を任されたときのことです。当時は、局から地元の気象台に電話をして天気を尋ね、それを局員がメモしてアナウンサーに渡していました。そして、そのようなメモを取るのに時間をかけるわけにはいかないので、天気は「㋩」で「晴れ」、「㋗」で「くもり」と、簡潔に書いていました。

その原稿を、彼は赴任初日に読むことになりました。

初めてスタジオに入って渡された原稿には、「㋩のち㋗一時㋥」と書かれていました。「晴れ」のち「くもり」まではわかる。

けれども、「㋥」は何だったっけ。一生懸命考えたけれども思いつきません。

考えた末、彼は「晴れのちくもりで、一時、虹が出るでしょう」と読みました。

ここまで読まれたみなさんなら、もうおわかりでしょう。

「㊁」は「にわか雨」です。ＮＨＫの天気予報で「虹が出る」などという予報を出したのは、後にも先にも、彼ひとりでした。

また、地方局のアナウンサーの例で、バスとタクシーの交通事故のニュースを渡されたとき、「バスに乗っていた土人《どじん》がけがをしました」と読んでしまった、という話があります。実際には、「十一人」なのですが、字間がつまっていたため、「十」と「一」がひとつの文字に見えてしまったのです。

そこで、漢数字を漢字だと思い、間違えてしまったのですね。

しかし、とっさに原稿を渡されて、しっかり下読みができなかったとしても、そんな言葉が出てくるわけがありません。

これがきっかけで、ニュース原稿の数字は、以降は算用数字で書くことになりました。

古い時代には、原始的な生活をしている人たちを「土人」と言ったりしたことがありました。現在は差別語ですから、もちろん使えない言葉です。

また、1966年、タイのバンコクで開かれたアジア競技大会のラジオ中継でのことです。現地からの放送を我々は一生懸命聞いていました。実況は、ある程度キャリアのあるアナウンサーが担当していました。

私は「いい取材をして、いい放送をしているな」と感心しながら実況を聞いていました。そして、選手団が入場し、いよいよ日本選手団がゲートをくぐったときのことです。

そのアナウンサーは「日本選手団は、男女ともいずれも、赤のブラジャー……」と言ってしまったのです。

本当なら、赤の「ブレザー」と言うべきところ……、いいえ、実際に言うつもりだったのでしょう。しかし、何かふとした思いで「ブラジャー」が頭に浮かんだのかもしれません。

こんなふうに、生放送では、いろいろなことが起こるものだというお話をすると、講演会などでお客さんも結構喜んでくださいます。

業界内の失敗談もそうですが、ご自身の失敗談や気にしていることをあえて話すことも、相手に伝える上で有効に働きます。

つい先日亡くなりましたが、アメリカ大リーグのかつての名選手で、ピート・ローズという人物がいました。彼が来日した際、私はちょうどNHKのニュース番組『ニュースセンター9時』でスポーツコーナーを担当していたので、インタビューをしました。

彼は、グラウンド上でいつも全力でプレーすることから人気を集めていました。盗塁の名手で、頭から突っ込むヘッドスライディングがトレードマークでした。

一見すると強面《こわもて》の印象を与えるのですが、彼は「いやあ、ヘッドスライディングをやりすぎちゃって、それでこんな顔になっちゃったんだよ」と、ジョークを飛ばしてきたのです。私は聞いた瞬間に、思わず爆笑してしまいました。

彼の起こした賭博行為や幾多のスキャンダルは、決してほめられたものではないでしょうが、自分の弱みを逆手に取ってジョークにし、相手と距離感を縮める巧みさは、お手本にできそうです。

ＳＮＳが日常に普及した社会では、自分の生活の中のいいシーンから、とくにいい場面を選び取り、写真に撮って掲載することが「普通のこと」になっているように見受けられます。

しかし、相手に伝えるときに大切なのは、自分自身の「今ある姿」を見せることです。

決して無理をしない。なぜなら人間というものは、いくら取り繕ったり身構えたりしていても、正体は必ず明らかになるものだからです。

したがって、自分の長所やアピールしたい点を誇示するよりも、自分が苦手なことや、短所だと思う点を飾らずに話すほうが、「なんだ、自分と同じじゃないか」と、身近さを感じてもらえる可能性があります。

「実は、こんなことができないんです」

「そうなの？　実は私もそうなんですよ」

というように、苦手があることが、実は会話のきっかけになることは往々にして起こり得ます。

本当の自分の姿を見てもらおうという気持ちで臨むことができれば、余計な緊張もしなくて済みそうな気がします。武勇伝だけではなく、失敗談や自分の短所をオープンにすることも、同じくらいに大切なのです。

ひとしの金言

失敗談を「つかみ」にして、自分をオープンに見せる

4　初対面で気の張る相手に向かうとき

Q：すぐに機嫌を損ねることで有名な大物と遭遇。取るべき行動は？

↓ ① 先入観を捨てて、自ら挨拶する

↓ ② 怒られそうなので、話しかけられるまでは黙っておく

うまく伝えるためには、相手の気持ちをほぐし、話を聞いてもらえるような状態にもっていく工夫も大切です。

私は、司会を務めている番組では必ず、私のほうからゲストの方の控え室にご挨拶に伺っています。

ゲストには、大変度胸の据わった方、緊張でそわそわなさっている方と、いろいろ

な方がいらっしゃいます。本番前に少し柔らかめのお話をして、気持ちをほぐしてあげるのは、番組をうまく運ぶ上でも欠かせないことです。

『日立 世界ふしぎ発見！』では、初めてのゲスト、若いゲストも多くいらっしゃいましたから、必ず控え室に訪ねて行き、番組に関係のないことも交えつつ、ひとしきりお話をして、気持ちを和ませてあげるようにしていました。

司会者がゲストの方を訪ねることは珍しいと聞いていたので、他ではあまりやっていないのかもしれませんね。

そのことで言うと、ヤクルトスワローズや楽天ゴールデンイーグルスなどの監督を務めた野村克也《のむらかつや》さんと、妻の沙知代《さちよ》さんのことを思い出します。

1993年から1997年まで司会を務めた、朝日放送の『朝だ!生です旅サラダ』では、野村夫妻がシークレットゲストとして登場したことがありました。

本番は朝8時半からでしたが、お二人は7時にはそろって控え室に入ってこられて、スタジオ内をあちこち歩いたり、廊下の自動販売機を見たりして、少し落ち着かない様子でいらっしゃいました。

それを見て、私は「これはひとつ、先にお伺いしよう」と思い、控え室のドアを叩きました。「おはようございます。草野仁でございます。今日はひとつ、よろしくお願いいたします」と挨拶すると、野村克也さんは「おお」と喜んで迎えてくださいました。

後日、「草野君のおかげでリラックスして本番に臨めた」と、大層喜んでいらしたことを聞きました。

プロ野球ファンの間では周知のことですが、野村さんはこだわりのある方で、それがわかっている人は、事前に野村さんにあまり近づいていこうとはしませんでした。私は、そのような態度は一切見せずに、よいお話をいろいろと差し上げたところ、思った以上に打ち解けることができたのです。

たとえ相手がどんな立場の方でも、壁を作ったり受け身になったりすることなく、自分の方から心を開いていくことは、一人の社会人としても身につけるべきことと言ってもよいでしょう。

ひとしの金言

立場に関係なく、自分から挨拶をしよう

5　自分を飾らない。ただし笑顔は大切

Q：相手との距離を近づけるのに有効なのは？

① 笑顔

② 涙

自分に関心を抱いて話を聞いてくれようとしていることは、伝える側にとっては本当にありがたいことですよね。だからこそ、伝える側は心を開いて、できる限り理解していただけるように取り組まざるを得ないと思います。

そのときに大切なのが、笑顔です。

アメリカ大リーグ、ロサンゼルス・ドジャースの大谷翔平《おおたにしょうへい》選手は、どんな場面でも、常におだやかな表情を見せています。

彼はもともとてもいい顔をしていますから、悪い感情をもつ人は、まずいないでしょう。

その上で、時々ニコッと笑う顔は、何とも言えず魅力的です。ご夫婦そろった場面でも、二人とも非常に柔らかい表情で、見ている側も自然といい気分になりますね。

それはもちろん、ご両親の育て方の中で育まれたものでしょう。

さらに、大谷選手の普段の表情、仕草、ブルペン内での振る舞いからは、「いろいろな立場の人たちに対してわけへだてなくきちんと対応するし、チームのみんなと同じ立場でやっていきたいと思っています」という、彼の強い意思が表れているように感じます。

大谷選手のご両親も、写真等で拝見すると、非常に柔らかい、いい表情をしていらっしゃいます。

著名なアスリートの中には、本人よりも家族の方が表に出てきて目立ってしまう場合もありますが、彼のご両親は一切表に出ない姿勢を貫いていらっしゃる。それもまたいいですよね。

誰に対しても誠実に、自分の誠《まこと》を貫くという姿を見ると、大谷選手のご家族は、きっと素晴らしい方々なのだろうと想像するのです。


アメリカの大リーグにおいて、松井秀喜選手が築いた、日本人選手への高い評価。それから少し時間が経ちましたが、大谷選手の登場、そして大活躍によって、再び「日本人は大したものだ、すごいな」という思いを、アメリカの野球ファンに抱かせています。

大谷選手の活躍は、あえて言うまでもないでしょう。プレーヤーとしては「ベーブ・ルース以来」と言ってもよい、超一流の「二刀流選手」として、その困難な役割を務めてきました。

打っては特大ホームラン、ランナーとして出塁すれば成功率の高い盗塁。２０２４年にはついに、アメリカ大リーグ史上初の「50本塁打、50盗塁」を史上最速で達成し、さらに記録を伸ばしています。また、投手としては負傷を乗り越え、再度のトライを目指しています。

どこをとっても周囲からプラスの評価をもたらす行動を瞬時にすることができる、まさにパーフェクト・プレーヤーとして、大リーグの中でも最高ランクに位置する選手です。

松井選手が日本人選手の模範を示した第一号であれば、大谷選手はそれを受け継ぎ、さらに素晴らしい形にしてくれました。

「日本人は素晴らしい、最高だ」。アメリカの大リーグファンは、そう言うに違いないでしょう。

ひとしの金言

笑顔は前向きな姿勢を伝えるとっておきの方法

6 相手に合わせた言葉のやりとりをするには

Q：たとえれば、会話は何と同じ？

① 壁打ちテニス

②野球のキャッチボール

１９８６年から２０２４年まで、38年間続いた『日立 世界ふしぎ発見！』は、世界各地を訪れた「ミステリーハンター」が出すクイズに答えていただく番組です。クイズとひとくちに言っても、ＡかＢかといった二択でもないし、手がかりとなるキーワードも与えられません。ミステリーハンターがレポートする映像を見て、自分で一から答えを導き出すことが求められます。

そこで、考えるきっかけを求めて、司会者の私にいろいろな質問が飛んでくるわけです。

放送では、やりとりの時間はそれほど長くないように見えるでしょう。ですが実際には、結構長い時間、いろいろなヒントを差し上げていました。

中でも、レギュラー解答者の黒柳徹子《くろやなぎてつこ》さんは、「正解したい」という強い執念をおもちでした。

映像を流しているときヒントになりそうなことは全てメモを取り、私とのやりとりもメモに取る。そうやって、答えを出すために役立つと思う情報を貪欲に集め切って、「さて正解は何か」と考え始めるという具合です。

そんな黒柳さんの質問に正面から答えていると、なかなかいいところに食いつかれて、あやうく正解につながりそうになることがあります。

ですから「なるほど、この質問で私がこう返したら正解だと思っているな」と気付いたら、核心から少しそれた返しをしていました。

また、質問をした後の私の表情をじっと見ていて、「こんな反応をしたときには、いい線をついているんだな」と判断されるので、一生懸命に逆の表情を作って見せることもありました。

こんなふうに、黒柳さんとは、司会者と回答者としての切磋琢磨がありました。

相手に伝える場面では、自分がきちんとやることだけに意識が向いて、相手の反応まで気が回らないこともあるでしょう。確かに、伝えるべきことを間違わず、かつ残さずに言い切ることは大事です。

しかし、やりとりというものは、野球のキャッチボールと同じです。相手に合わせた強さのボールを、相手が受け取りやすいコースで投げないと、受け取ってもらえません。

相手に合わせた言葉や反応、返し方にまで意識が行き届くようになると、今度はそのやりとりが楽しいものに変わってきます。どんな方が相手でも、きっとテニスのラリーのように話が続けられるようになるでしょう。

ひとしの金言

言葉にこだわるより、ラリー（やりとり）を続ける

7 相手に色づけをしない、先入観で接しない

Q：会話を通じて相手の本質はわかるか？

↓

① 会話を通じて意外な側面が見えてきたりする

② 風の噂で大体のことはわかる

相手と向きあう前には、一体どんな人なのか、あれこれと予想したくなるかもしれません。

事前情報から「すごく立派な人のようだ」とか、反対に「気難しい人らしい」などと、期待や想像を膨らませるときもあるでしょう。無理もないことです。

ですが、私は長年この仕事をしてきて、事前に相手に勝手な色づけをしてはいけないという信念をもっています。

インタビューをする側は、その人の実像というものを、そのときに交わす会話を通じて探り出すのが本当だと思うのです。

自分の頭の中に描いていた相手のイメージに、目の前の人を当てはめていくのではなく、現場で本人から実際に聞いたこと、交わした言葉から実像を探り出していく、それがインタビューの本質ではないかと考えます。

事実、会ってみると、事前の評価とは違って、「こんな人だったのか」と認識を新たにする経験を何度もしてきました。

その中の一人に、堀江貴文《ほりえたかふみ》さんがいます。

堀江さんは東京大学在学中に起業し、2000年4月、27歳で東証マザーズに上場を果たし、30歳で資産60億円の長者に登りつめました。その後、プロ野球球団の買収を申し出たり、2005年にニッポン放送の株式を買収して筆頭株主になったりと、時代の寵児《ちょうじ》として注目され、多くのメディアに取りあげられました。

当時の世の中は、堀江さんに対して多くのマスコミが「なんだこの若造は。ちょっと金を儲けたからといって、調子に乗って」と、反発をもって受け止めていました。

私は、当時司会を務めていた日本テレビの『ザ・ワイド』で彼にインタビューをする機会がありました。

九州の出身であることと、出身大学くらいしか共通項はなかったのですが、とにかく、「彼が本当のところは何を考えているのか、よく聞こうじゃないか」と、批判や批評の言葉を一切向けることなく臨みました。

そうしたら、堀江さんの反応は大変よく、1時間半くらい、いろいろと懇切丁寧に質問に答えてくれました。マスコミに対して斜に構えたそれまでの印象とは違って、今の自分の思いと、これからどうしたいのかということを、きっちり話してくれたのです。

自分たちの先入観で判断せずに、謙虚かつ誠実に、決して裏切るような態度を取らずに相手に接していく。このような姿勢で臨み、とてもいい内容のインタビューを録ることができました。

その思いは堀江さんにも通じていたかもしれません。その後すぐ、自身のX（当時はTwitter）で、好印象だったという感想を投稿してくれていました。

また、読売巨人軍の監督だった川上哲治《かわかみてつはる》さんのことも思い出深いです。

川上さんは戦前からプロ野球のスターとして活躍され、読売巨人軍の監督としても、11回の日本シリーズ制覇を成し遂げられました。中でも9年連続日本一という実績は、プロ野球史上最高の偉大な金字塔となっています。

川上さんも、外から聞くイメージとは違う面をいくつも見せてくださいました。

私がスポーツの取材を始めた頃、川上さんはすでに読売巨人軍の大監督で、取材のときはいつもベテラン記者に囲まれていました。新人の私は、人垣の後ろから聞き耳を立てるというありさまでした。

川上さんは口の重い方で、なかなか記者に話をしてくれないことで知られていました。

その様子は、当時の共産主義圏と自由主義圏の間の対立を指した「鉄のカーテン」という言葉と、お名前の「哲」とを引っかけて「哲のカーテン」と呼ばれていたほどでした。

1975年に読売巨人軍を退団された川上さんは、NHKの野球解説者に就任されました。そして私はいきなり、その年のプロ野球の春期キャンプの取材で、川上さんとの同行を命じられたのです。

今までまともにお話もしたことがないのに、どうやって接近しようか。自分なりにいろいろ悩みましたが、まずはしっかりご挨拶に伺いました。

すると、「やあ、よろしくよろしく」とおっしゃり、監督時代とはまったくイメージが違うのです。お話を伺っていくと、監督時代に口の重かった理由がわかってきました。

川上さんは、初めは記者の質問に誠実に答えていたそうです。

しかし、翌日のスポーツ紙には、自分の発言の一部を切り取られ、少し意味の違う使い方をされている。これでは、記事を見た選手たちが「監督はこんなことを思っていたのか」と誤解しかねない。

そんなことがたびたび起こったので、聞かれたことに全て答えるのをやめて、発言をセーブするようになった。そうしたらチームがよい方向にいったので、あえて「哲のカーテン」を引いた状態でいたのだと教えてくださいました。

私はそれを聞いて、「なるほど、そこまで考えてやっていらっしゃるのか」と、川上さんの真の思いに気付かされました。

キャンプ中には当時の選手たちのことや、チームとしての力を結集するために行っていた努力など、さまざまなお話を伺いました。そして、川上さんのことを知れば知るほど、本当にすごい人だなという思いを深めていきました。


そして約1カ月のキャンプが終わり、3月のオープン戦で川上さんがNHK解説者として初登場することが決まりました。そこで局側から、何と「キャンプでずっと一緒だったんだから、お前が放送しろ」と、試合の実況を任されたのです。

入局してまだ9年です。10年、20年、いや30年、そうそうたるキャリアをもつ先輩アナウンサーがいる中で、大監督だった川上さんの、解説としての初仕事にご一緒できるなんて、「こんなに感激するような仕事はないな」と、うち震える思いがしました。

いよいよその日、私は試合前、放送席で、

「川上さん、くれぐれもよろしくお願いいたします」と言いました。

すると川上さんが、

「草野さん、今日はね、あんたが放送の先生。私は生徒なんだ。だから、いろいろと気付いたことがあったら、それをダイレクトにバンバン言ってほしい。私のほうこそよろしく」と言ってくださいました。

大監督からそのような言葉をいただいて、私は大変安心して放送を終えることができました。周囲からも「なかなか面白くてよかったよ」と評価をいただきました。

監督という立場を離れても、いかに川上さんがいろいろなところに目を配り続けていらっしゃるか。それがよくわかった経験でした。

ひとしの金言

先入観を捨て、素直な気持ちで向きあう

8　言葉で伝える努力をする

Q：コミュニケーションで大事にすべきことは？

↓ ①オンラインやSNS上でのやりとり

↓ ②対面でのやりとり

今の社会では、相手に伝える際に、ふたつのコミュニケーションのやり方があると思います。ひとつは、相手を目の前にした、対面のコミュニケーション。もうひとつは、SNS上で文字テキストでやりとりするコミュニケーションです。これは、ここ20年ほどの主な流れになっていますね。

若い方を見ていると、SNS上でのやりとりは大変上手で、饒舌《じょうぜつ》なように見受けられます。Xのおかげで、要約して伝える技術も上達したかもしれません。

しかし一方で、対面で話してみると、うってかわっておとなしい印象を受けます。

「あんなに威勢がよかったのに、どうしたんだろう」という感じです。

私は、これからの社会では、対面とSNS、どちらのコミュニケーションも臨機応変に使い分けることができるようになったほうがいいと思っています。

それでも基本的には、実際に顔を合わせて会話をするべきだと考えます。人間は、対面して交流することで、新しいものを生み出していくことができるからです。

人は学校でも会社でも、仲間と切磋琢磨したり、上司や先生から指導を受けたり、お互いに助け合ったりしながら、毎日を過ごしていきます。

たとえどんなに才能があったとしても、一人きりでは生きていけないし、もっている能力を発揮するには、周りの人に自分のことを伝え、理解してもらわなければなりません。

ですから、ここぞという場面では、相手に向かって、自分の言いたいことをきちんと伝えようとする。これは、絶対にやるべきなのです。

言葉で自分の意思を伝えることを躊躇《ちゅうちょ》してはいけません。豊かに生きていくためには、自分の言葉を通して相手にきちんと伝えることを、控えめにしてはいけない。

相手にわかってもらえるように、言葉で伝える努力をしないといけないのです。

もしも今、それが足りていないと感じるなら、気持ちを切り換えましょう。

話の途中で言葉につまってしまったり、言い間違いをしてしまったり、相槌のタイミングが重なったり、あるいはずれたりして、少しぎこちなくなることがあります。

しかし、あまり気にすることはないのではないかと私は思います。

これが生放送だったら、お互いの呼吸を合わせてうまく取り回していかなければなりませんが、日常での会話では、自然に起こることでしょう。

ですから、ちょっと言い間違えたなら、もう一度きっちりと言い直して言葉を再現すればよいのです。

生放送のような時間制限や細かい段取りのない日常会話の中では、お互いが自分のいいところを出し合って、「話をしてよかったな」「会った甲斐があったな」という形で終わりたいですよね。

そのためには、少しのつまずきやミスに気を取られるのではなく、お互いが共有する時間をいいものにしようと、前向きに努力をすることがいちばんいいのではないでしょうか。

ひとしの金言

自分の言葉で伝える姿勢が相手に響く

9「報告」することの意味とは

Q：家庭や職場でできる言語化トレーニングは？

↓ ①ミニ報告会

↓ ②愚痴大会

若い方が言葉で伝えることを苦手だと感じる原因のひとつには、少子化できょうだいがいなかったり、さまざまな立場の人と話す機会が少なかったりすることもあるのかもしれませんね。

しかし子どもの数が少ないぶん、家族で会話をしようと思えば、昔よりはるかに時間の余裕が与えられているのではないかなと思います。

保護者の方には「早く～～しなさい」「～～はしてはいけません」などと、子どもに指示ばかりするのではなく、ぜひ親子としての会話の時間を増やしてほしいところです。

これは私が子ども時代の話です。わんぱく盛りで遊び放題に遊んでいた私が中学校に入学したとき、父から「ちょっとここに座りなさい」と呼び出されました。「何だろう」と座ると、父は「お前も今日からいよいよ中学生だ。これから大事な時期だから、その日一日、学校で何があったか、細かいこともちゃんと報告しなさい」と私に告げました。

そう言われても、学校で怒られたことや失敗したことは、あまり言いたくありません。ですから私は、なるべく当たり障りのないように、事実より少し抑えめにしたり、多少の脚色を加えたりした報告をしていました。

実際に、「こういうことでこう答えたら怒られました」と言うと、たいてい「それはお前がいけなかったんだ」と言われました。

しかしある日、学校で納得のいかない叱られ方をした晩のことです。

私は「今日は先生からこういう注意を受けたのだけれど、どう考えても先生の言っていることは納得できない。むしろ、自分の考えのほうが正しいのじゃないかと思った」と父に話しました。

すると父は、私の報告を聞いてじっと考え「そうか、それは先生の言い方のほうがおかしいな。確かにお前の言うことにも一理あるな」と言ったのです。

それを聞いて、「そうか、親父は自分のことを真剣に考えてくれているんだな」と気付きました。父は、私を叱ったり見張ったりするためではなく、ちゃんと学校生活を送れているかを知るために、私の話を真剣に聞いてくれていたのです。

そこで「これはいちいち恰好つけずに、実際に起こったことを正直に報告しなければいけないな」と思い、より詳しく、きちんと実情を話すようになっていきました。

これがお互いの関係を近づける、とてもよい時間になりました。「父を信頼してもいい、信頼できるんだ」という気持ちになれたのです。

報告を毎日続けるうちに自然と、日々の出来事を話すことも習慣になっていきました。

アナウンサーの仕事に通じる、状況を筋道立てて相手に伝えたり、ストーリー仕立てにして話したりするスキルは、この経験から培われた部分もあるのかもしれません。

今思うと、すごくいいことだったなと思います。

ひとしの金言

家族との会話はまたとないトレーニングになる

10 「?」で終わる質問を

Q：語尾に何を意識すると会話が続きやすい?

↓ ①疑問形である「?」

↓ ②気分を高める「!」

くり返しになりますが、会話とは、自分と相手とのキャッチボールです。相手が複数いる場合は、サッカーのようにパスを回しながら行うもの、という表現が近いでしょうか。

相手からよいボールを返してもらうには、野球ならば、ちょうどグラブにパシッと収まるような球を投げることが必要です。サッカーなら、相手が走り込んでくるところを予測して、絶妙な軌道を描くパスを出したいところです。

会話でそれを叶えるには、相手への働きかけ方が大事になります。そのためには、「。」ではなく「？」で終わる会話を意識しましょう。


たとえば、休日の過ごし方について話をしているとします。

そのとき「この間、阿蘇の草千里《くさせんり》で乗馬をしたんです」と、自分が体験した事実を話したとします。すると相手は、

「ふうん、そうなんですか」と、返事を返してくれるでしょう。

ただし、話はこれ以上発展しません。そこで完結してしまったからです。

それよりも、

「この間、阿蘇の草千里で乗馬をしたんです。馬に乗った経験はありますか？」

と、「？」で終わるほうが、

「いいえ、でも、競馬は大好きで、競馬場によく出かけているんです」

のように、相手の話を引き出すことができます。続けて、

「そうなんですか。競馬場に出かけると、いろんなことがわかるのではないですか？」とか、

「面白そうですね。競馬場まではどうやって？」と、「？」で終わる会話を意識すると、さらに話が広がっていくでしょう。


このようなやりとりが続くと、次第に相手も、

「そうなんですよ。もしかして、競馬にご興味があるのですか？」

と、「？」で返してくれる可能性が高まります。

それに「はい、一度行ってみたいと思っているので、見どころを教えてもらえますか？」と「？」で返すと、さらに楽しく会話が続けられるでしょう。

「？」で終わる会話をするときは、相手からの「返し」があることも頭に入れて、話を聞くと同時に、自分の意見ももっておく必要があります。

誰かと意見交換するのは、いつも楽しいばかりとは限りません。ときには思わぬことが返ってきたり、痛いところをつかれたりすることもあります。

野球で言えば、剛速球やデッドボールのようなものでしょうか。

ですが、知らない間に、相手からのいろいろな「球」を受けて、キャッチボールが上手になっていることに気付くはずです。

そして、「こんなときは、こんな返しが来るだろう。そうしたら次は……」と、会話の反応も読めるようになっていくでしょう。

また、他の人の考えを聞くことによって、自分の意見との違いや共通点もわかってきます。

それによって、相手の考えとどこが違うのか参考にしたり、取り入れられる点はないか、どのあたりで合意ができそうかなど、さまざまな考え方をすることができます。

「？」で問いかけることは、最終的に、自分の考えをまとめることにもつながる、とてもよい習慣なのです。

ひとしの金言

「？」を使って相手に働きかけよう

11 部下へのアドバイスはどう言えば伝わる？

Q：反発心の強い部下への注意、どう切り出すべき？

①　時短のためにも、ストレートに本題から入る

② クッションとなるような雑談をしてから、徐々に本題に移る

相手に伝える内容には、いいことばかりではなく、言いにくいこともあります。

会社や学校で、あるいは家庭で、部下や後輩、わが子に対して、「こうしてほしいな」「これは注意しておいたほうがいいな」「最近ちょっとおかしいぞ」など、注意や指導をする場面が必ず出てきます。

聞く側にとって、気持ちのいいものではないことが多いので、伝える側の工夫がもっとも必要な場面かもしれません。


とりわけ近頃の若い方は、自分の行動に対して他から何かを言われることへの免疫が、以前に比べてとても弱いように思えます。

私がNHKでスポーツ放送をしていたときは、先輩方から「あのときの放送は、もっとこういうふうに言ってはどうだろう」などと指導を受けることはごく当たり前でした。また、「確かにその通りだな」と、素直に受け取っていました。

しかし今は、必要なアドバイスひとつするにも、上司はとても気を遣うと聞きます。それどころか、「何を言うんですか、それが私のいいところなんです」などと反論する部下もいるそうです。

そこで日ごろから、メンバーが普段はどんな様子でいるのか、そしてどんな人間性の持ち主なのか、これまで人に対してどんな対応をしてきたのかをよく見ておいて、相手に合わせた対応をしなければいけません。

素直に聞いてくれる相手だと判断したら、形式にこだわらず、「今日はこのことについて、君の考えを聞きたいのだけれど」という入り方でよいでしょう。

いっぽう、言われたことに何か一言返したい、自分は人とは違うと反発心をのぞかせておきたいタイプには、「先週は忙しそうだったけれど、もうヤマは越えたみたいだね」など、本題とは離れた柔らかい話題から入って、反応を見ながら本題に近づいていくのがいちばんでしょう。

私が出会った上司の中で、とりわけよい指導をしてくださったと思っているのは、スポーツアナウンサー時代の師匠でもある、元NHKアナウンサーの羽佐間正雄《はざままさお》さんです。

羽佐間さんは1954年に入局され、1964年の東京オリンピック中継実況をはじめ、夏冬合計11回の五輪実況を担当されました。

また、春夏の甲子園での高校野球やゴルフの全米オープンなど、大型スポーツ中継に長く携わった名アナウンサーです。

羽佐間さんは、私が入局3年目に鹿児島から福岡に異動したとき、東京から管理職として昇進して来られました。私は羽佐間さんの放送を聞いて、この方のような放送ができるようになりたいと、ひそかに目標にしていました。

その方が直接の上司としてやってきて、「草野君、僕は君を育てるために東京から来たんだぞ」とおっしゃったのです。

最高の殺し文句に感激すると同時に、「もし自分が期待に反して成長できなければ、大アナウンサーの羽佐間さんの名声まで傷つけてしまうことになる。これはよほどがんばらなくては」と、一層奮い立ちました。


その後3年間ご一緒して、本当によい指導をたくさんいただきました。

羽佐間さんは、「今日の放送はここがよくなかった」「ここは悪かった」といった、評価や批評の言葉を使わないことが特徴でした。

終わったことを後から落とすのではなく、

「今日の放送を聞いていたんだけれど、あの部分でこういうふうに言ったらどうだったろう」とか、

「君がこういう視点をもって臨んでいたことは、方向性としてはとてもいいと思うよ」と、次に目指すべき方向性や目標を常に示してくださっていたのです。

これこそ、上司の理想の指導だなと思います。

ひとしの金言

相手に合わせて伝え方を変えていく

12 どんなときも、聞き手と話し手の立場は「対等」である

Q：聞き手はどのような立ち位置であるべき？

↓

①　話し手よりもへりくだるべき

② 話し手と対等の立場であるべき

私はキャスターとして、これまで本当に多くの方にお会いして、お話を聞いてきました。現場の様子も、どれひとつとして同じではありません。リラックスしたムードのときもあれば、はりつめた状況のこともあります。

また、相手の方に楽しくお話ししていただけるような質問をすることもあれば、聞きにくいことをあえて投げかけて、お話を引き出さなくてはいけないこともあります。

インタビューでは、相手から気持ちよく話を引き出さなくてはいけませんから、どういう形で話に入ればよいか、相手の気に障るような表現をしていないかなど、相手の方の性格や傾向を考えた作戦をいろいろと立てていきます。

今までにあまり大きな失敗をしたことはないのですが、前にお伝えしたように、新人アナウンサーとして鹿児島局に赴任して早々、初めて知事にインタビューをしたときには、すごく緊張しました。

地位の高い方への取材というので、こちらが恐縮して、へりくだりすぎてしまったのだと思います。ラジオ放送でしたが、聞いている方にも緊張感やぎこちなさが伝わってしまったことでしょう。

経験がなかったとはいえ、私の最初のインタビューは失敗だったということです。

今振り返ると、新人としてはよくありがちな失敗なのだろうとは思います。

しかし、聞き手と話し手というのは、立場上は対等でないといけないわけですから、たとえ聞きにくいことがあっても、聞かなければいけないのです。

新人の私はその原則を忘れて、下手《したて》に出すぎた。そのために、聞いている人が「何をやっているんだ。話が聞けていないじゃないか」と違和感を覚えたわけです。

人は何となく、「聞き手は相手に対してへりくだるべきである」と思い込んでいるものですが、それは間違いなのです。

このことがあってから私は、どんな目上の人であっても、きちんとインタビューをしなければいけないと肝に銘じたのです。

ひとしの金言

コミュニケーションは対等な立場で成り立つもの

13 話がわかりやすい人の「三つの共通点」

Q：話がわかりやすい人の特徴は？

①大きな声で、賢そうな言葉選びで、抽象的な話ができる

② 声が美しく、平易な言葉遣いで、たとえ話がうまい

これまで出会ってきたアナウンサー、キャスターの中で、私が「この人の話はわかりやすいな、よく伝わるな」と感じた方をご紹介します。

一人目は、同じＮＨＫの先輩の、鈴木健二さんです。

鈴木さんは話す言葉がとてもはっきりとしていて、声がとても美しいのです。また、音程感もしっかりしているので、とてもわかりやすく、気持ちよく聞くことができます。

二人目は、久米宏《くめひろし》さん。ちょうど私と同じ年の生まれです。ＴＢＳに入社し、同社を代表する看板アナウンサーとして活躍しました。

１９７９年に同社を退社してフリーになりましたが、その前年の１９７８年から１９８５年まで、黒柳徹子さんと組んで、ＴＢＳの人気音楽番組『ザ・ベストテン』の司会を務めました。

その後、１９８５年から２００４年まで、テレビ朝日の報道番組『ニュースステーション』のメインキャスターとして活躍していました。

彼はとても背が高く、すらりとしていて、整った容姿の持ち主です。そして話し言葉が大変わかりやすく、誰にでも伝わる言葉遣いをしていました。

説明するときの表現も巧みで、聞いていてとても安心できる、聞く側が心を開くことのできる説得力がありました。

『ニュースステーション』での主義主張にはいろいろと批判もありましたが、表現者としては非常に優れた素養をもった人だと思いますし、日本を代表するキャスターの一人だと思います。

３人目は、私が福岡時代に大変お世話になった、元ＮＨＫの羽佐間正雄さんです。羽佐間さんはスポーツアナウンサーとして大活躍をなさっていた方です。羽佐間さんが担当されていた『ニュースセンター９時』のスポーツコーナーの三代目は、私が譲り受ける形となりました。

羽佐間さんの解説は大変論理的です。試合の展開を論理的に説明されるので、「なるほど、こうきたら次はこうなるな」と、わかりやすく理解できます。

論理的な解説の合間には、試合のこの後の展開の予測も続きます。ですから、試合の流れを楽しみながら観戦できるのです。

私は羽佐間さんの放送を聞いて、「何て現代的な、いい放送なんだろう。自分が目指すのはこんな放送だ」と尊敬していました。

羽佐間さんは、NHKを退職されたのち、合計11回のオリンピックでの放送が評価され、「全米スポーツキャスター協会特別賞」を、日本人のスポーツアナウンサーとしてただ一人受賞されました。

3人の共通点を考えてみると、次の三つのことが挙げられます。

まずは、言葉遣いが明瞭で明確であること。声の出し方、発音や発声がとてもよくて、言葉がはっきりと聞こえます。

次に、たとえ（比喩）の表現がうまいこと。「これはたとえばこういうことです」と、難しいことをかみくだいて言うときの言い表し方が、「まさにその通り」と感じさせるほどに的確です。

これは、聞き手が理解を深めるためにはとても大切な要件だと思います。

最後に、聞き手を納得させる話の力、話術力があること。話を聞いて「よくわかった。なるほど、そういうことだったのか」という説得力をもった話の展開ができることです。

相手に伝わる話をするには、この三つが大事だと思います。

ひとしの金言

伝わる三条件をいつも心に留めておく

14 伝わるのは、事前に用意した言葉ではなく、自分が心から感じた言葉

Q：本当に相手に伝わりやすいのは？

①　事前に練り上げて用意しておいた台本

②　その場でとっさに出てきた自分の言葉

スポーツ中継の魅力のひとつは、素晴らしいプレーが決まった瞬間や、偉大な記録を達成した瞬間の場所に立ち会えることです。

伝える側は、スポーツの素晴らしさに心震えながら、同時にその場、そのときの状況をもっとも表す言葉を探し、放送にのせます。

オリンピックやワールドカップの名場面集では、それらの印象的なシーンと解説が放送され、観る側に感動をもたらします。解説者の残した「名文句」というものも、いくつか聞いたことがあるかもしれませんね。

前の話に続きますが、私のアナウンサーの師匠である羽佐間正雄さんが、１９８８年、韓国・ソウルオリンピックで、陸上男子１００メートルの実況中継を担当したときのことです。

そのときの1位は、カナダのベン・ジョンソン選手で、ダントツで他を引き離す、

9秒79の世界新記録（当時）を打ち立てました。2位は、100分の13秒遅れで、アメリカのカール・ルイス選手。後に大チャンピオンとなる選手でした。

二人はライバルとして注目されていました。100メートルの後半が強い、追い上げ型のルイス選手に対して、ジョンソン選手は、強い筋力を活かしたロケットスタートが持ち味の選手でした。決勝は、二人の一騎打ちになるだろうと予想されていました。

予選では、ルイス選手が二次予選で9秒台を出したのに対して、ジョンソン選手は着順でかろうじて拾われるなど、不振が目立っていました。

しかしフタを開けてみると、決勝ではジョンソン選手が圧勝しました。100分の13秒の差は、距離にすると1メートル半くらいになります。当時の世界新記録、圧倒的な勝利です。

カメラが、ゴールしたジョンソン選手を「ゴールイン！　ベン・ジョンソン！」と追いかけていました。その姿を見て、実況の羽佐間さんは一言、

「ベン・ジョンソン、筋肉の塊」と表現したのです。

私はこの表現に、非常に深い意味が込められていると思いました。

このレースの後の検査で、ジョンソン選手から禁止薬物である筋肉増強剤の陽性反応が検出され、世界記録と金メダルが剥奪されました。

そして2位以下が繰り上がり、金メダルは、カール・ルイス選手に与えられました。


このときの実況中継の「ベン・ジョンソン、筋肉の塊」という一言は、「異常なまでのこの筋肉は、ひょっとして？」というクエスチョンマークを観る側にもたらした、とても巧みな表現であったと思います。


実際に彼の肉体は、腕や太ももの筋肉がほかの選手よりも圧倒的に発達していて、「何かやっているんじゃないか」という噂がありました。

そんな状況を受けての「ベン・ジョンソン、筋肉の塊」という言葉は、最終的にはドーピング検査を受けて失格になっていくという結末を暗示するかのような、素晴らしい中継だったと、今でも思います。

近年は、スポーツ中継において、「明らかに事前に用意したな」とわかるコメントを述べるアナウンサー、キャスターが増えているようです。それらの口上も、事前に考えておいたぶん、確かによく練られていて、それなりに演出効果はあるでしょう。

ですが私は、その場面を見た瞬間に頭の中に出てきた言葉を映像とともに表現できる、そんな瞬発力こそ、本当の「伝える力」ではないかと思うのです。

事前に予想して作った作文よりも、目の前でその瞬間に起こることのほうが、圧倒的に真実です。

感情的な叫びやキャッチコピーなどでごまかさず、どう端的にまとめ、場の空気まで感じさせるような表現として言葉にできるかどうか。

伝える側の能力は、そこにかかっていると言えるでしょう。

ひとしの金言

自分の心に響いたことがいちばん伝わる

15 自分の表現にぴったりとくる言葉を探す努力をしよう

Q：言葉はどのように選ぶべき？

↓

① 確信と責任をもって表現を選ぶべき

② フィーリングで選ぶべき

では、相手に伝わる表現をするためのスキルアップとして、どんなことをすればよいでしょうか。

おすすめしたいのは、自分の思い、伝えたい内容にぴったりくる言葉を探し、引き出しを増やしていくことです。

「自分はいつもきちんと気持ちを表す表現を使っている」と思っているかもしれませんね。しかし実際はどうでしょう。

たとえば、「やばい」という表現を例にとってみましょう。巷《ちまた》でもよく耳にするし、実際に使ったことがあるのではないでしょうか。

辞書を引いてみると、

「危険や不都合な状況が予測されるさま。あぶない」

のほか、補説として、

「若者の間では、『最高である』『すごくいい』の意にも使われる」とあります（デジタル大辞泉)。

では、具体的な使われ方を見てみましょう。

①「今日の発表、準備ができてなくてやばい」
②「昨日のランチのミニデザート、ちょっとやばくなかった？」
③「えっ、誕生日、覚えてくれてたんだ、やばっ」
④「先輩、この報告書の内容、やばいです」

これらの「やばい」は、それぞれどんな気持ちを表しているでしょうか。

①は、準備ができずに緊張している様子かもしれません。
②は、デザートがおいしかったのでしょうか。それとも期待外れだったのでしょうか。
③は、相手が誕生日を覚えていたのが迷惑だったのでしょうか。それとも、嬉しか

ったのでしょうか。
④は、報告書の内容が間違っているのでしょうか。それとも素晴らしかったのでしょうか。あるいは、自分が内容を理解できないのでしょうか。

このように、「やばい」は、いろいろな意味を大ざっぱに説明するのに便利な言葉ですが、言われたほうは相手が何を言いたかったのか、ニュアンスをあやふやにしか理解できない表現です。

相手に伝えるには、今の気持ちをいちばんよく表現しているのはどの言葉なのか、「今はこっちだな」「いや、もう少し違うニュアンスのほうがしっくりくるな」と、自分で言葉を探していく努力をしていかないといけないと思うのです。

感覚的にはとても細かい部分になりますが、あいまいな感覚で言葉を操るのではなく、「今、このときはこの言葉だ」と、確信と責任をもって表現することが必要かなと思います。

またそのためには、比喩表現を効果的に使えることも大切です。

「いいたとえをしよう」と、常に構えている必要はありませんが、たくさんの例を知っておくように心がけてみると、いざという時に、すぐに取り出すことができます。

同時に、自分の表現の引き出しを増やすために、評判になっている小説を読んだり、話題になっている映画を観たり、絵画や建築などの美術作品に触れたりと、いろいろなものを目にしてください。

作品を前に、作者はどのような思いでそれに取り組んだのか、制作中は何を考えていたのかなど、想像を膨らませて、自分なりに解釈をしていきましょう。

与えられるものを受け取るだけで何の努力もせずに、いい表現が生まれるわけはないのです。

最後は、いろいろな場で、実際に試してみて、実践をしていきます。

これはスポーツと同じです。どんなに優れた選手でも、実践の経験なしに、最初からホームランを打ったり、シュートを決めたりすることはできません。

他流試合や出稽古を続けて、自分の表現を磨いていきましょう。
着実に練習を重ねる努力を続ければ、必ずうまくなれますよ。

ひとしの金言

自分の感覚に合う言葉を探す努力こそ、
「伝える極意」に近づくコツ

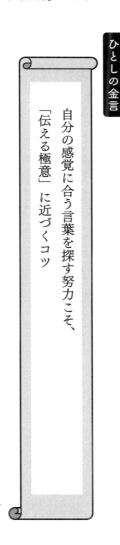

16 やりたいことを伝えるときに必要なことは

Q：やりたいことについて、相手を説得するには？

↓

① 感情的に訴え、時には力技で押し切る

↓

② 論理性と根拠を武器に、きちんと説得する

仕事や研究などに真剣に取り組んでいると、「これはどうしてもやりたい」とか「どうしてもこのことが必要だ」という思いが出てくるものです。

何としてもこの企画を通したい、実現は厳しいかもしれないが周りにわかってもらいたい。そう思うなら、まずはそれを伝えるための材料をきっちり集めることです。

自分がいいと思う企画がなぜ今必要なのか、相手が「なるほど、確かにそうだ」とうなずくだけの説得材料を、集められるだけ集めておくのです。

「なかなかウンと言わない上司も、これならわかってくれるだろう」というくらい、精一杯リサーチしてください。

「ちょっと集めすぎたかな」と思うくらいで、ちょうどいいです。

そして、「この企画は、こんな場面でも、あんな場面でも使えます」「この局面を打開できるのは、この案です」と、きちんとした根拠を見せながら説得するのです。

間違えてほしくないのですが、いくらやる気や情熱があっても、それだけで相手を説得するのは難しいのです。客観的に判断できる材料を示すことができない提案は、ただの思いつきとして流されても仕方ないのです。

また、提案するタイミングを読むことも大切です。

仕事の場面では「いい企画だけれど、今は少し早いね」と言われることが、往々にしてあります。ですから、タイミングを見計らうことは、とても大事なのです。

何度か機会を逃してしまうこともあるでしょうが、諦めずに材料を集め続けていれば、「今行くしかない、ここがタイミングだ」と判断できるときが訪れるでしょう。

そして、何度か却下されても、自分が本当にやりたいことであれば、相手が忘れないように、折を見て提案し続けます。なぜなら、あるときふいに「そういえば、あのときの提案、今使えるんじゃないか」と誰かが言い出すチャンスが来ることがあるのです。「あの人は○○推し」だと周りに印象づけるほどのパワーがあれば、「確かに、そのやり方は面白いかもしれないな」と賛同してくれる人が出てくるかもしれません。そうなったら、上司も無視はできないでしょう。

ひとしの金言

データなど、十分な量の根拠を用いて、諦めずに働きかける

ミニコラム②：日本を揺るがすテロ事件にどう立ち向かったか

相手に「これが真実だ」と伝えたいけれども、自分だけの力ではどうしても解決できないこともあります。

そのときに有効なのは、「専門家の意見を活用する」ことです。

私は1993年から2007年まで、日本テレビの『ザ・ワイド』という2時間の情報番組の司会を務めました。

放送を開始して2年目、1994年6月27日に松本サリン事件が起こりました。

これは、オウム真理教という新興宗教の団体の信者が、長野県松本市の住宅街で猛毒のサリンガスをまいた事件です。この事件で8人が亡くなり、600人以上の方が被害を受けました。

マスコミはそれを一斉に取りあげて報道しました。

しかし、どんなにニュースで話題になっても、何がどうなっているのか、さっぱり伝わってきません。

私は「なぜだろう」と思って、各局の放送を見比べました。

そして気付いたのは、解説をしているのが、サリンの化学式は知っていても、サリンを見たことも触ったこともない、国内の薬学者や化学者たちだということでした。

「ほとんど素人といっていい人たちが解説をしている。だから肝心なことに話が及ばないんだ。これは毒ガスの専門家を呼ぶしかない」

そう考えた私は、アメリカの毒ガス兵器の専門家を番組に呼んでもらうことをプロデューサーに打診したのです。

初めての試みだったので時間はかかりましたが、１９９４年の12月、アメリカの生物化学兵器研究所の副所長である、カイル・オルソン氏が来日し、番組に出演してくれました。

松本の事件を検証した彼は私に「草野さん、なぜ松本でサリン事件が起こったかわかりますか」と質問してきました。

「いいえ、それはわかりません」と答えたら、

「それは松本がテロのテスト地として選ばれたからです。テストをやったということは、次は必ず本番があります。

それはもちろん、東京です。

狙われる場所は閉鎖空間。地下鉄、新幹線、野球場、映画館などです。くれぐれも気をつけてください」と告げました。


彼がアメリカ政府に上げたレポートはイギリスの関係者にも伝わり、翌年の1995年3月19日、イギリスの保守系高級紙『サンデー・タイムズ』に「カイル・オルソンの松本サリン事件レポート」という記事が掲載されました。

それから16時間も経たない翌日、日本時間の3月20日、地下鉄サリン事件勃発のニュースが世界中に流れました。

『サンデー・タイムズ』の読者は、「まるで予言者のようなオルソンとは、一体どんな

人だ？」と不思議に思ったことでしょう。

私たち番組スタッフは再び彼を招いて、事件を調べてもらいました。


そうしましたら、さすが専門家です。現場から数時間で戻ってきて、

「草野さん、サリンという毒ガス兵器は、純度が100％に近いと、製造して時間が経っても武器としての性能は変化しません。しかし、純度が低いと、水と結びついて加水分解してしまいます。

調査の結果から、今回製造されたのは、おそらく1カ月ほど前だと思われます。そして、純度は60％程度で、これはサリンとしては粗悪品です。

もしもオウムのグループが次の攻撃をしようとしても、1カ月くらい前に製造したサリンだとしたら、その威力はそれほど強くないものになっている可能性が極めて高いと思われます。したがって彼らが二次、三次攻撃をくわだてても、思ったほどの威力はありません」

という、少しは安心できる情報も交えて提供してくれました。

世間を大きく揺るがせた事件を目の当たりにした視聴者の方は、専門家の解説を求めたのでしょう。オウムの情報を知るには『ザ・ワイド』だと、午後の番組にもかかわらず視聴率は常に10％を超え、20％を超えたことも3回ほどありました。

夜にも特番を何度か組みました。そのときにもオルソン氏に出演してもらい、いろいろなテーマについて討論を行いました。

1995年の緊急スペシャルでの出来事です。検証する立場としてオルソン氏が、オウム教団からは、幹部の村井秀夫《むらいひでお》氏と上祐史浩《じょうゆうふみひろ》氏が出演しました。

村井氏は教祖の麻原彰晃《あさはらしょうこう》氏に次ぐ教団のナンバー2で、オウムの科学技術部門の最高責任者、上祐氏は教団の広報担当でした。

そして、オルソン氏が教団設備内の化学工場（プラント）についての質問を村井氏に向けたときです。これまでの日本国内の報道は、サリンについて真実に迫るものが皆無だったので、村井氏は日本の報道レベルを見下していたのでしょう。そこに外国人を連れてきているが、どうせ大した人物ではないと侮ったのですね。

村井氏は突然、「その前にカイル・オルソンさんにお伺いしたいんですけれど」と口を開きました。どのテレビ局も、サリンの内容についてまだ討議をしていないときでしたから、彼が毒ガス兵器の専門家であることも知らなかったのでしょう。

村井氏は「ハステロイという金属をご存じですか」と聞きました。

「ハステロイ？」オルソン氏の顔色がみるみる一変しました。

「我々のプラントでは、ハステロイという合金を使っているのですが」と村井氏。

オルソン氏が答えます。

「ハステロイとは、サリンなどの神経ガスを生成するときに使用しなければならない、特殊な合金物質です。したがって、ハステロイを使っているということは、毒ガス兵器を作っているということになりますよ」

オルソン氏は村井氏に厳しい視線を向け、慌てた上祐氏が口を挟んでかき乱そうとしました。

しかし、その音声ははっきりと、私たちの耳に届きました。

2日後、村井氏は教団本部の前で刺殺されました。

そうやって我々の番組は、教団の真実をズバズバとついていきました。

当然のことですが、実は地下鉄サリン事件が起きた当日から、私あてに脅迫電話がかかってきました。「草野は、放送を通じて嘘ばかり言っている。したがって家族共々サリンで殺す」という内容です。

また、別の人物からは、放送が終わると「草野さん、今日はそこを何時にお出になるのですか」という電話が毎日かかってきました。私にプレッシャーを与えようと考えたのでしょう。

警察からは「草野さん、とにかく外に出るときは大事をとって、防刃防弾チョッキを必ず着用してください」と言われました。

そうは言っても、警察が用意してくれるわけではありません。私はテレビ局に向かうたびに、およそ9万円で購入したチョッキを着用していました。

家族は麻原彰晃こと松本智津夫《まつもとちづお》死刑囚が逮捕されるまで、自宅とは別の場所に避難していました。

今振り返るとなかなか大変な目にあっていたのですが、当時、サリンについての詳細で正確な情報を出していたのは『ザ・ワイド』だけと言っても過言ではありませんでした。

真実に肉薄しようという姿勢がなければ、視聴者が注目してくれないのは当たり前のことです。

第 3 章

「伝えた」後に実践したい
シンプル4習慣

大事なプレゼン、面接、告白……何かを誰かに無事伝え終えた後は、安心感でいっぱいになりますよね。ですが、完全に弛緩しきってしまっては本末転倒かもしれません。

「伝えた」後の時間をどう使うかが、できる人とできない人の分かれ道になるのです。第3章では、伝える行為の後に行なうと効果的な、振り返りの習慣についてお伝えします。

習慣1　自分自身を客観視する

「自分の思いをしっかりと伝えるための極意を磨きたい」。そのたゆまぬ努力の結果、あなたは、見事スピーチやプレゼンなどの大事な場面を、無事に終えることができました。

「よくやりましたね。お疲れさま」と声をかけられ、やっとひと安心。しかし、それもつかの間、今度は「相手にちゃんと伝わっただろうか」という、心配の気持ちが出てくるのではないでしょうか。

私たち放送に関わる人間は、相手に伝わったかどうかを「視聴率」という形で目のあたりにします。

私はNHKで18年仕事をしたのち、1985年からフリーとなり、民間放送に活動の場を移しました。

当時のNHKは、視聴率をほとんど意識しない番組作りをしていました。しかし民放では、視聴率を取らなくては、番組の存続も望めません。

最初に担当したのは、TBSの朝の情報番組『朝のホットライン』です。視聴率は大体8％くらいで、同時間帯の第2位。1位は日本テレビの『ズームイン!!朝！』で、視聴率は平均12％をたたき出していました。

競合番組のひしめく朝の時間帯としては、視聴率第2位という結果は「よくがんばっている」という評価を受けたのですが、私は、『ズームイン!!朝！』の企画の新しさやダイナミックさを見せつけられ、本当に驚きました。

1985年当時、このときすでに『ズームイン!!朝！』は、北は北海道から南は福岡までの基幹8局を中心に多くの局からアナウンサーが登場し、その土地の最新ニュースを伝えるという、素晴らしいものだったのです。

いっぽう、私たちの放送は、毎日系列局の中から登場するのは2局だけという、大人と子どものような差がありました。レベルアップを上申しても、「予算の関係ですぐには変えられない」という上層部からの答え。あの番組にはとても敵わないという気持ちを抱いていました。

結果、5年で『朝のホットライン』は放送を終えました。

番組を終えるとき、私は「もしまた情報番組の司会を務めるときがあったら、視聴者のみなさんがいちばん望んでいるもの、放送してほしいものをきっちりと取りあげよう。そして、取りあげた以上は、核心をついた放送をしよう」と心に決めました。

その後に担当したのが、１９９３年からスタートした『ザ・ワイド』です。

『ザ・ワイド』は、１９９３年から２００７年9月までの各局の午後のワイドショーの時間帯視聴率の1位を続け、放送期間14年半の長寿番組となりました。

視聴率はテレビ番組において欠かせない指標ですが、近年は視聴者の年齢層が変わったことや、視聴率の取り方も年齢層別になったりしたことで、以前とは少し違う性質のものになっています。

変わったいちばんの理由は、テレビを見る人が減ったことでしょう。

『日立 世界ふしぎ発見！』の放送が始まったばかりの頃、土曜午後7時からのゴールデンアワーにおける、日本のトータルの視聴率は80％を超えていました。この時間帯は、日本全体の80％ほどの世帯がテレビを見ていたわけです。

しかし今だと、40％ほどに半減しています。とくに若年層の割合が明らかに減っているのです。

若い人たちは、テレビの前に座って番組を楽しむよりも、スマホやネット動画やゲームなどに時間を使うようになりました。

テレビを取り巻く環境は、本当に大きく変わったのです。


視聴率と同じように、視聴者の方からいただくご意見や感想も、私たちの放送がどうだったかを知る、とても大切な手がかりです。

最近は、SNSで感想を投稿する方が増えて、反応がすぐに届くようになりました。

SNSの感想を拝見すると、視聴者のみなさんが、「よくぞここまで」と言うような、私たちが気付かない細かいところまで観てくださっていることがわかり、本当にありがたいものです。

中でも、２０２４年3月30日に放送された『日立 世界ふしぎ発見！』の最終回で、私が言ったことに寄せられた感想は、印象深いものでした。

同番組は、１９８６年から２０２４年まで、38年もの長い間放送されてきました。私は番組の中で「38年という年月は、一人の人間が22歳で大学を卒業し、就職、38年間務めると満60歳で定年を迎える。つまり一人の人間にとって、ひとつの職業を全《まっと》うする大変長い、長い時間なんです」と述べました。

すると放送中から、実にたくさんの方が声を寄せてくださいました。その一部をご紹介しましょう。

村雨辰剛（@MurasameTatsu）
スウェーデンにいる頃から知っていて、自分の人生より長く、38年間も続いている日本の長寿番組 #世界ふしぎ発見 今日で最終回を迎えました。この番組に参加出来た経験は僕の宝物です。スタッフの皆さん今まで本当にお疲れ様でした！ ありがとう #ふしぎ発見

小田井涼平（@ryohei_odai）
#世界ふしぎ発見！が昨日3／30に最終回を迎えました😊自分が芸能界に入る前からやってる番組なので残念で成りませんが、司会の #草野仁 さんはじめ、出演者、スタッフの皆様、本当にお疲れ様でした❣
コロナ禍にミステリーハンターとして池袋を旅したことは、本当に良い経験になりました😊

KAZZ（@mozuchan517）
ちょうど今38だから感慨深い　#世界ふしぎ発見

めたる（@bijoyoko）
土曜日の夜、ヒトシ君ロスに陥っている。世界ふしぎ発見！最終回に草野さんが番組の放送期間38年間は新卒が定年を迎えるまでの歳月と同じと言っていたけど、少女が女になり更年期に至るまでの歳月も大体それと同じ。そんなこんな考え、ひとつの時代の終わりを強く実感する。　#世界ふしぎ発見！

まさまさ（@masaketti3）
#世界ふしぎ発見　終わってしまった
38年も見て来たのかと思うと…
相当影響受けたと思う😌
最終回の懐かしの Ｖ 結構覚えていて

感激✨
私のお気に入りミステリーハンターは
宮地眞理子さん
ジャングルの奥地で得体のしれないブキミな🐛にもトライ😋する姿勢はマジ凄い

中でも、ちょうど60歳を迎えるくらいの年齢の方が、たくさん感想を送ってくださったようです。

子どもから大人まで、誰もが安心して観ることができる番組を、これほどの長い期間続けることができた。しかも土曜日の夜という素晴らしい時間帯に放送し続けることができたのは、日本の放送では例のないことです。

私は、38年という数字を例に出すことで、こんな番組に関わることができた私たちこそ、放送人として本当に幸せだったということをお伝えしたかったのです。

その思いは、私たちの予想を超えるほど視聴者のみなさんに伝わったのだと思います。

自分の考えを伝えるときは、「言いたいことを言って終わり」ではなく、相手に自分の言いたいことがどれくらい伝わったのか、いつも振り返る習慣をもっていると、「今回はあの言葉がよくなかったかな」「あそこでもう少し言葉を補うとよかった」と、そのときの経験を次に活かすことができるようになります。

視聴率のように数値化するのは難しいかもしれませんが、冷静に自己採点してみると、新しい発見もあるかもしれません。

ひとしの金言

自分を冷静にジャッジするツールをもとう

習慣2　相手の反応を確かめる

自分の言いたいことが相手に伝わっているかを知るもうひとつの方法は、相手の反応、とくに「目の動き」をよく見ることです。

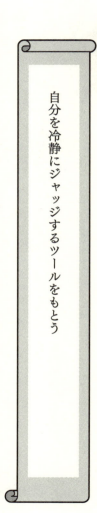

私は、大勢の方の前で話をするときでも、1対1で対面したときでも、相手の方の目の反応を見るようにしています。

大きく見開いたり、まぶたが下がって眠そうにしていたり。ある言葉にパッと目が覚めたようだったり、慌てたように目をそらしたり。

中にはリアクションが少なかったり、表情ではまったく反応が見られないような方もいらっしゃいますが、目だけは例外です。

「目は口ほどにものを言う」とよく言いますが、自分が思っている以上に、目には人間の細かい感情の変化が表れます。

「言葉は丁寧だけど、目が笑っていない」とか「叱られてこわかったけれど、目が優しかった」という表現を聞いたことがあるでしょう。本当の感情を気付かれないように表情を作ったつもりでも、目だけは嘘をつけないのです。

私はそれをしっかり見て「よし、わかってくれたようだな」とか「話し方をもっと変えたほうがよさそうだな」などと判断しています。

この感覚を身につけるには、自分が誰かと話をしているときの相手の目を見て、感情を読み取る練習を続けることがいちばんでしょう。

また、友だちや同僚などの会話の様子を見て、それぞれがどんな目の動きをしているか、そっと観察するのもよいかもしれません。

ですが要注意！　研究熱心なあまりにジロジロと見つめすぎて、不信感をもたれないように気をつけましょう。

ひとしの金言

目には感情が表れる。よく見て経験を積もう

習慣3　課題を次に活かす

自分の言いたいことをうまく伝えられたかどうか、自身で振り返るのと同時に、上司や先輩など、第三者の意見も聞いてみましょう。

いくら冷静に自分を見ているつもりでも、自己分析の結果がいつも合っているとは限りません。鏡を使わない限りは自分で自分の後ろ姿を見ることができないのと同じで、気付いていないことがたくさんあるのです。

ほかの人からのアドバイスは、自分が見落としていたり、意識していなかったりする部分を気付かせてくれます。

ですから、「こういう方向で考えたほうがいいのではないか」とか「このような表現をしたほうがわかりやすいかもしれない」など、問題提起されたことは、まずは素直に取り入れて検討しましょう。

意見を聞いて「少々言い方がきつかった。あんな言い方をしなくていいのに」「自分ではいいと思っていたのに、指摘されてがっかりだ」など、不満に感じることもあるかもしれません。

ですが、それは自分の感じ方の問題であって、アドバイスされた内容とは関連のないことです。少々の違和感は抑えて「先輩としては、何が言いたかったのだろう」と、先輩や上司が伝えたかったことを推察していきましょう。

そして、「あの後、このような言い方にしてみたのですが」「〇〇という表現に変えてみました。どう思われますか」と、アドバイスを受け入れて工夫したことを伝えます。

上司や先輩は、アドバイスを受け入れる後輩に対しては、「前向きにがんばっているな。気をつけてフォローしてあげよう」と、心に留めてくれるようになります。

周囲から「よかったよ」「面白かったじゃない」という評価を受けることで、「これで間違っていないんだ」と、自分のやっていることに確信がもてるようになるでしょう。

前述の私のアナウンサーの師匠、元NHKの羽佐間正雄さんは、「次に何が起きるかを推理すること」の重要性を教えてくださいました。

たとえばプロ野球の試合中継で、元ピッチャーの解説者と一緒に放送をしているとします。試合は、ピッチャーが投げてバッターが打ち、ランナーが塁に進んで、と展開していきます。

さてこのとき、アナウンサーは解説者にどんなことを聞くべきでしょうか。

解説者は元ピッチャーですから、「次はどんな球でしょうか」と、投げる側の心理を尋ねるのはとても簡単です。

しかし試合の展開によっては、バッターの心理状況についても合わせて聞いておくべきです。

したがって、「今永昇太《いまながしょうた》投手の初球は何でしょうか」と聞くより、「今永投手がインコースに投げてきたとき、ジャッジ選手はどこまで配球を読んで向かってきますかね」と、試合の展開を推理した解説をします。

すると解説者も、

「そうですね、今の今永からヒットを打つのはかなり難しいでしょうが、回転のよい低めのストレートではなく、少し球速の落ちるスライダーを狙うかもしれません」

と、次の展開を見たくなるような、期待感のある解説が引き出せます。

このように、よい意味での緊張感のあるやりとりができれば、中継を観ている方も「面白かった」と感じてくださると思います。

自分ひとりの力で実力を磨こうとしても、最初はうまくいくかもしれませんが、いずれ頭打ちになったり、偏った方向に伸びていったりします。

ここはぜひ謙虚に、周りの人の意見に耳を傾けてみませんか。

ひとしの金言

先輩や上司のアドバイスを素直に取り入れよう

習慣4　手紙で「気持ちのやりとり」を

私は、新しく番組が始まる前や終了後に、共演者などお世話になった方へ、手紙を書くようにしています。

『日立 世界ふしぎ発見！』が2023年の4月にリニューアルし、司会を『ゴゴスマ』担当のフリーアナウンサー、石井亮次《いしいりょうじ》さんにやってもらうことになりました。私はクイズマスターとして、問題のヒントを出したりする役回りで出演することになりました。

改編が決まって、私は彼に、

「これから新しい形でがんばってもらうことになりました。番組も長くやってきて、少しカビが生えたりしているところもあるかもしれません。ぜひ新風を吹き込んでください」という手紙を速達で送りました。

彼は、速達で届いたその手紙にいたく感動したそうで、本当か嘘かわかりませんが、神棚に飾っているそうです。

その後石井さんからも、私たちレギュラー陣に、「この度はお世話になります。よろしくお願いいたします」と手紙が届きました。

今は、メールやメッセージですぐにやりとりができますから、手紙を書く機会はあまりないかもしれません。

普段の場面はそれで十分ですが、改まった文章を書いて、相手に伝える機会というのは、社会生活においては間違いなくあります。そうなったとき、いざ書こうとしても、どう書き出していいものか、どうまとめればよいかに迷い、時間を使ってしまう可能性があります。

「書く」ことも、「伝える」ための大事な方法のひとつです。

ですから、日常使う文章と、大切な要件や重要な場面で使う文章の、両方を使い分けられるようになったほうがよいと思います。

やってみるとおわかりになると思いますが、手紙には、ある程度決まった形式があります。難しく考えずに、それに沿って書いていけばよいのです。

「拝啓」から始まり、自分が今感じていること、伝えたいことを書いて、最後は「くれぐれもご自愛ください」という文句で結び、「敬具」で終わる。

決まった形式があるぶん、慣れてくればどんどん書けるようになりますから、尻込みしないで取り組んでみましょう。

堅苦しくとらえなくても大丈夫です。受け取った人が「嬉しいな」と思ってくれれば、それでよいのですから。


仕事や学習の場では、私たちは、相手との正確な情報のやりとりができているかを気にします。しかし時々、書類に添えられた手書きのメモやお礼状などで、相手と思わぬ気持ちのやりとりができることがあります。

手書きの文字からは、デジタル文字にはない手書きならではの温かさと、自分に向けて書いてくれているという思いが伝わります。

私たちは『日立 世界ふしぎ発見！』の最終回を前に、視聴者のみなさんから、番組がきっかけで生まれたエピソードを募集しました。そうしましたら、新潟県長岡市の紙漉《かみす》き職人の今井千尋《いまいちひろ》さんから、次のような手紙が届きました。

千尋さんは、1998年に放送した、中国とモンゴルの2000年にわたる攻防を描いた回を見て、「戦争をし合う国でも、文化と風習は混ざり合っていく」という言葉に感銘を受けたそうです。

その後、生まれた娘さんに「文化」と「風習」からひと文字ずつ取って「文風《ふみか》」という名前をつけたそうです。

番組スタッフは、この手紙がいちばん印象に残ったということで、私は千尋さんのもとを訪ねました。ちょうど、娘の文風さんがつい最近結婚されたということで、私の訪問をとても喜んでくださいました。

私たちはひとしきりいろいろな思い出話をしました。そして最後に「完璧な視聴者でいらっしゃいました、ありがとうございました」と、番組で解答者がパーフェクトな回答をしたときに渡す「クリスタルヒトシ君人形」をお渡ししましたところ、大喜びしてくださいました。

手紙のもつ「伝える力」は、ときとして、ほかには代えがたい重みのあるものになることがあるのです。

ひとしの金言

手書きの文字の「伝える力」をうまく使おう

第 4 章

マスターに聞く！
伝える極意・10のQ＆A

「伝える力」の生きた見本でもある草野さんに教えてもらいたいことは、まだまだたくさんあります。そこで、思いつく限りの質問をぶつけてみました。

Q1. 会話で、ついつい自分のほうがたくさんしゃべってしまうような気がします。相手の話をうまく聞くコツはありますか？

A. 「相手の話を聞いてみたい」という心構えで臨もう

会話というものは、そもそもが「コミュニケーション」のひとつの形です。ですから、自分の言いたいことをまず伝えようとか、わかってもらうために、一方だけがた

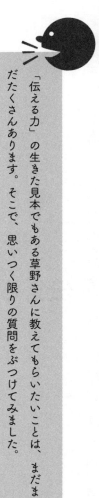

くさん話そうとするよりも、「お互いが言葉を交わし合う」ことがとても大事だと思うのです。

このことは、私の長年の経験からも、確かなことです。

相手とのやりとりを通じてこそ、「そんなことがあったのか」「そんな素晴らしい経験をおもちなのか」など、自分だけではとても経験できないびっくりするようなお話をたくさん聞くことができます。

「しゃべらなくてはいけない」という気持ちをもつのはわかりますが、自分が話すことは、必要最小限でいいと思うのです。自分が何を話すかよりも、自分の言葉によって、相手の思い、相手が話したいことを、できるだけ引き出すことができるように努める。そういう気持ちで相手に向きあうことです。

相手がいちばん語りたいことは何だろう、それを聞いてみたい。

そのような姿勢で臨むように努力すれば、コミュニケーションは成り立っていくでしょう。

Q2. 自分がよかれと思って伝えた内容でも、相手によってはそれを悪意や悪口だと勘違いされてしまうことがあります。悪意や悪口に限らず、自分の発言が違う意味で受け取られてしまうのを防ぐためには、どうすべきですか？

A. ディテールではなく、全体をつかんだ会話の運びをしよう

話した言葉が相手に悪く受け止められるのは、話題の全体像をおさえた話し方になっていないからかもしれません。

たとえば、子どもが受けたテストの話題で、「○○ちゃんは満点だったんだって」と言ったとします。親の側に他意はないのかもしれませんが、それは「あなたは得点できなかったんだね」と、暗に責めるニュアンスを帯びた言葉として受け止められてしまいます。

「得点」という細かいところに焦点を当てるよりも、テストの状況に目を向けましょう。

もし、それが自分の子どもも含めて得点に苦労したものだったら、「みんながんばっ

たみたいだから、よほど難しかったんだね」と、別の視点から見た言葉をかけてあげたいものです。

また、「試験というものは、必ずしもよい点ばかり取れるものではないんだよ」と、試験の性質について触れてあげると、がんばった子どもにとって、ひとつの救いになります。

さらに、本当の実力をテストで発揮しにくい子どももいるでしょう。試験に強いタイプ、弱いタイプというのは、確かに存在するようです。

いずれにしても、相手のことを直接指摘するのではなく、**起きたことの全体を包み込み、前向きになれるような会話**を心がけたいですね。

Q3. こわそうな目上の人に話をするとき、怒られそうですごく苦手です。びくびくせずに話すためには、どうすればいいですか？

A. むやみにこわがる必要はない。何を聞きたいかを明確に伝えよう自分よりも年齢や立場が上の人には、誰しも何となく遠慮する気持ちや、「何か自分が至らないことを指摘されるのではないか」という不安を抱いてしまうものです。ですが、それはあくまで、自分が勝手に抱いている印象であって、実際にはそうではないことがほとんどでしょう。

考えてみてください。何もしていないのに怒られる、なんてことは、ビジネスでも学校でも、まず起こり得ないことですよね。

それでも目上の人の感じが悪く見えてしまう……。それは、あなたが何を言いたいのかが、相手に伝わっていないからではないでしょうか。

報告や相談を受ける際に困ってしまうのは、相手が何を望んでいるのかがわからない返答や質問をされたときです。そのときの、上司の疑問を抱いた表情が「怒られそう」で「こわい」のかもしれません。

ここでは、**自分が何を知りたいのかをスパッと伝える**ことが大事です。「こういうことについて、どう考えたらいいのでしょうか」「本当に知りたいのはこういうことなんです」と説明すれば、上司も「それならば教えてあげよう」という気持ちになります。

Q4. 敬語をうまく使えなくて困っています。よい練習法はありますか？

A. 普段の場面で使う習慣をつける、それが最善で最短のルート

いきなり敬語を使いこなそうとしても、簡単には身につきません。敬語を使う場面が少ない場合もあるでしょうが、スポーツと同様に、**毎日のトレーニングの積み重ねがいちばんの対策**と言えます。

先生や親戚など、目上の人を相手にしたときには、敬いの気持ちを込めて言葉を交わすよう、できる限り努力してみましょう。

たとえば近況を尋ねるときには「最近、何してたんですか」と聞くのではなくて、「この頃は、どういうことをなさっていたのですか」と聞いた方が、相手に「この人は自分を敬ってくれているな」ということが伝わり、会話が進んでいきます。

敬語を上手に使えるようになると、「会話に品があるな」「感じが良いな」と、好意的に受け止めてもらいやすくなります。

初めはぎこちなくても、人間、練習をしていけば必ずできるようになります。丁寧な言葉遣いは、相手はもちろんのこと、自分自身も気分がよいものです。

敬語は、立場の違う人とのコミュニケーションをグッとスムーズにする、潤滑油の働きをもっているのです。

Q5. 仕事でミスをして謝らなければならないとき、言葉遣い、情報の伝える順序、口調など、何を意識すればいいですか？

A. **ミスの原因をしっかりと説明すること**

反省しているという態度や丁寧な言葉遣いができることも大切ですが、それは最優先ではありません。

自分のミスが原因であることは間違いないのですから、まずはそのことをしっかりとお詫びすること。そして、どこが問題で、それをどうすればよかったのか、**自分の過ちのポイントをしっかりと認めて、心を込めて伝えればよい**のではないでしょうか。

自分の過ちの反省がしっかりできれば、ミスの原因は大体わかっているはずです。原因や対策をあいまいにして、ただ大げさにお詫びの言葉をくり返したり、「こちらにも反省すべき点はあったが、そちらにも落ち度があった」など、相手を逆に批判したりするのは、賢明ではありません。

Q6. 相手に非がある場合、けんかや言い合いはやむなしでしょうか?

A. この先どこで出会うかわからない相手とけんかをしてはいけない

社会人になってすぐの頃、母に言われたのは「大人はけんかをしたら二度と元の状態には戻らない。だから、決してけんかをしないように」ということでした。

子ども同士だったなら、たとえけんかをしても、翌日にはそれを忘れて一緒に遊んだりすることもあるでしょう。もっとも今の社会では、仲直りが昔ほどは簡単ではない場合も見られます。大人同士であればなおさらです。

そして、ぜひとも注意してほしいのは、大人の場合は、異動その他で別の場所に行ってしまった相手と、この先再び出会う可能性があることです。

一時の感情にまかせて攻撃的な言葉を使ってしまい、関係がこじれたまま別れた相手と、もしかしたら将来、一緒に仕事をすることになるかもしれません。そのとき、相手が自分よりも上の立場に就いていたり、仕事の決裁権を握っていたりすることも十分起こりうるのです。

自分の中に湧き起こる納得のいかない気持ちや理不尽に思う気持ちはひとまず保留して、自分の真意がどこにあったのか、どこに落ち度があったのかを、反省とともにきっちりと説明するように努めてください。

「伝えること」に専念すれば、波立った感情も次第に治まって、冷静な判断ができる自分を取り戻しているのに気付くでしょう。

Q7. 3人以上でのコミュニケーションでは、どのような話題を選ぶといいでしょうか?

A.

柔らかい雑談で、みんなの気持ちを同じ方向に向ける

テレビの現場もそうですが、性格や考え方が違う人たちが集まる場では、みんなの気持ちをほぐしながら、目的に向かって意識をひとつにすることが大事になります。

それには、柔らかい雑談から入るのがいちばんよいでしょう。たとえば、前日に大谷翔平選手が活躍していたのなら、「昨日の大リーグの試合での走塁はすごかったですね」などと話題を振ってみる。少し前なら、「堀米雄斗《ほりごめゆうと》選手は本当にすごいですよね」など、パリ五輪の話でもよかったですね。

みんなが知っていて、構えずに入ることができる明るい話題を選び、お互いに言葉を交わす。こうやって、リラックスしながら場の雰囲気を共有できると、この後の仕事や会議も、よいムードで始められます。

また、その場にふさわしいジョークや笑い話を用意しておくのもいい手です。自分の緊張をほぐし、相手の緊張もほぐすような工夫ができるとベストですね。

そして、本題に入るときは、しっかりと切り換えること。「さてここから、今日の課

題に入りましょう」などと、明確に示すことが大事です。**オンとオフのスイッチをパッと切り換えて、相手に伝わるように工夫**してください。

相手に気を遣いすぎて本題に入りづらい、と感じる方もいらっしゃるかもしれませんが、時間は有限です。ご自分が司会者になったつもりで（私を想像していただいても結構ですよ）、てらいなく進めていってよいのです。

Q8. 話を事前にうまく組み立てられないのですが、どういうステップを踏んで、考えていることを言語化すればいいですか？

A. **普段の会話で練習すれば、誰にでもできるようになる**

まず、普段の会話の仕方を思い返してみてください。その場で見たこと、感じたことを、そのまま口に出していませんか。

人に何かを説明するときは、どうでしょうか。ポイントを設けずに、起こったことを思い出した順に、しかも、あいまいな記憶を頼りに話していることはないでしょうか。

ごく親しい人との感情のやりとりでは、それで構わないのですが、「伝える」ことにおいては、「順を追って説明する力」が必要になります。

したがって、これを自分で習慣化することが重要です。「まずこういうことがあって、次はこうで、最終的にこうなった」と、**手順を追って説明することを習慣にする。**

すると次第に、話の組み立て、骨組みが見えてきます。全体像が見えてくるのです。

そうなればしめたもの。「ここがいちばん面白いから、ここを詳しく話そう」とか、「伏線として、あのエピソードを最初に言おう」など、話の順番を入れ替えたり、強調するパートを選んだりすることが、自然にできるようになってきます。

「自分ひとりで習慣化するのは難しい」という場合は、家族や親しい人に相手になってもらって練習します。同じ話題を短くまとめたり、エピソードを入れて長くしたりするなど、話の「尺」を工夫するのも面白いかもしれません。

Q9. 相槌が単調になってしまうのですが、もっているとよい相槌のレパートリーを

教えてください。

A. 相手や状況に合わせて、いくつかを使い分ければベスト

相手の話をしっかり聞いていると、相槌にまで気が回らないものですね。

たとえば「そうなんですね」「そうだったんですか」とか「そんなふうにはちょっと想像できませんでしたね」など、話の流れに応じて使い分けると、相手も一層話しやすくなってくることがあるでしょう。

「いやいや、とてもそんなふうには思ってもみませんでした」などの返しは、相手の方も「自分のやり方は間違っていなかっただろう」と、よい気持ちになってくれることもありそうです。

また、「えーっ、そうだったんですね！」と、感情を込めるのも効果があります。

こういったリアクションは、テレビやラジオのインタビューも参考になることがあります。自分がお手本にしたい人の相槌に注目して見ていくのも、よいでしょう。

ちょっとした心がけで、レパートリーはいくつも増やせますから、これをよい機会

に、自分らしい相槌を生み出してみてはどうでしょうか。

同様に、会話をつなぐ接続詞のバリエーションも探してみましょう。少し口語的な「実はそれからですね」や「そしてですね」など、使い勝手のよい表現をもっておくと便利です。

Q10. とっさに間を埋める会話が苦手なのですが、ある程度の沈黙は許容してもいいのでしょうか？　それとも、即興で何かポンポンと言葉が出てくる訓練をしたほうがいいですか？

A. **沈黙を必要以上に気にしない**

人間の自然な感情のやりとりとして、間に沈黙が生まれても、決して不自然ではないと思います。

シーンとなることをおそれて、まったく意味のない言葉で無理やりにその場をつなごうとするよりは、「うーん……」などと少し唸りながら、相手の言葉を頭の中で反芻《はんすう》する。その様子を見て、コミュニケーションが途切れているとは思われないでしょう。

たとえば、将棋の対局を思い出してください。相手が指してきた手を受けて、どういう返しをするか、ずっと考えていますよね。そこに**沈黙は流れていますが、だからといって、お互いを無視しているわけではありません。**それどころか、正面から向かいあい、さらに相手の領域に踏み込んでいこうとしています。

会話の中で生まれる沈黙というのは、まさにあれと同じなのです。

沈黙をつなぐ言葉を探す代わりに、「この人は、自分の話をよく聞いてくれているな」と相手が感じられる言葉が浮かんだら、その言葉でつないでみてはどうでしょうか。

「なるほど、そうきたか、では」と、相手の会話を引き出す一手になりそうです。

ミニコラム③：私が「伝えること」に対して感じていること

『ザ・ワイド』が始まった１９９３年、番組では統一教会について取りあげていました。霊感商法にだまされて苦しむ若い人たちを何とかしなければいけないという思いで、徹底取材をして放送しました。

それから30年あまりが経ち、再び世間の話題になっていることは、ただ驚きでしかありません。

２０２２年7月、応援演説に出ていた安倍《あべ》晋三《しんぞう》元首相が銃撃を受けて殺害されました。するとこの事件の背景には政界と統一教会との関係があるとして、マスコミは、30年前の経験を忘れたかのような放送を繰り広げました。

私たちが力を入れて放送したオウムについても同じです。

２００６年、一連のオウム真理教による事件を引き起こした麻原彰晃こと松本智津夫らに死刑判決が下されました。

それから11年後の2017年2月、北朝鮮の金正恩《キム・ジョンウン》の異母兄の金正男《キム・ジョンナム》氏が、マレーシアのクアラルンプール国際空港で暗殺されました。

このときも死因に関する推察があれこれとなされましたが、どれも説得力に欠けていて、大変もどかしい放送ぶりでした。

結局、マレーシア政府が、このとき使われたのが猛毒のVXガスだと発表するまで、何が何だかわからないままだったのです。

オウム事件のときのように専門家を招いていれば、原因の物質は何だったのかが簡単にわかったはずです。

近年のマスコミは、真実に肉薄しようという力が弱いと感じます。

特別収録

真似したいあの人の「伝える力」ベスト6

川口浩さん　素直にリアクションする力

俳優であり、探検家でもあった川口浩《かわぐちひろし》さん。『日立 世界ふしぎ発見！』では、番組の初期に準レギュラーとしてご出演いただいていました。

彼の名を全国区にしたのは、1978年から1985年までテレビ朝日系列で放送された『川口浩探検』シリーズです。南半球のジャングルを中心とした世界各地の秘境を訪ね、猛獣や未確認生物、少数民族などを求めて探検するという内容は大変な人気で、計47回放送されました。

番組では、探検の途中で隊員がワナにかかったり、動物に襲われそうになったりするといった場面が必ず登場しました。そのたびに独特の効果音やナレーションが流れ、番組を盛り上げました。

そんな川口さんとご一緒できるのを楽しみにしていて、初めて番組に来てくださったとき、川口さんは大変感じのよい方で「歴史について深い関心はありますが、これまでまったく勉強してきませんでした。ですから、これから一生懸命がんばって勉強します」と約束をしてくださいました。

収録でも、川口さんは答えを導き出すために必死に取り組まれました。私はその姿を見て、『川口浩探検』シリーズは、川口さんには詳しい事情を教えずに、道中のアクシデントやピンチに対して、彼が素直に驚いたり、喜んだりする様子をそのまま収録したのだろうと想像するようになりました。

それくらい、実際の川口さんは素直で魅力的な方だったのです。

何度か番組に出演いただいた後、川口さんは病気療養のために入院されました。心配だったので、せめて静養なさっている間に目を通してみてくださいと、歴史書を何冊かお届けしたところ、とても喜んでくださいました。

大変残念なことに、川口さんはその後具合が回復しないまま亡くなられてしまいました。もしもあのまま出演を続けていてくださったら、彼はきっと、さらなる人気者になったに違いないという思いがしています。

千玄室さん　堂々とした人生が伝わる話し方

2年ほど前にあるイベントの司会を務めたとき、千玄室大宗匠《せんげんしつだいそうしょう》が1時間ほどの講演をなさる場に同席したことがあります。

千玄室さんは、茶道裏千家の第十五代を務められた前家元で、2024年現在何と101歳の方です。裏千家の家元をはじめ、大学院で伝統芸術の研究について指導され、外務省参与、ユネスコ親善大使なども務めてこられました。

当時、千玄室さんは99歳でした。ですから私は、きっと椅子にお座りになってお話をなさるのだろうと思っていました。

ところがいざ始まると、壇上に入られたときから、ぴんと背筋が伸びていらっしゃるので驚きました。

しかも、背が高いのです。さっそうと演台の前にいらっしゃって「千玄室大宗匠です。ではお願いします」と、1時間の間ほとんど休むことなく、しっかりとした声で堂々とお話をされました。その間も、ご自分でしっかりと立たれたままでした。

内容も、大変論理的で筋が通っていて、「すごいな、この方にはとても勝てそうにないな」と感じ入りました。

これほど立派にお話をされる背景には何があるのだろう。私は、お話を聞きながら考えていました。そして、お若いときの体験が背景にあるのかなと思い至りました。

千玄室さんは茶道の本家に生まれながらも、大学在学中に学徒出陣で召集され、海軍で訓練を受けました。そして1945年に特攻隊に志願されて訓練を受けましたが、出撃がないまま終戦を迎えられました。

同じ特攻隊の中には、俳優の西村晃《にしむらこう》さんがいて、一緒に訓練を受けていたそうです。西村さんは、テレビドラマ『水戸黄門』で二代目水戸黄門を演じた方としても知られています。

西村さんは千玄室さんより先に特攻隊として出撃したものの、機体故障のために引き返して無事でした。同じ隊の中で生き残ったのは、千玄室さんと西村さんの二人だけでした。

そして戦争が終わってからは、戦の武人としての大和魂ではなく、文化人の「文」としての大和魂を知ってもらいたい。その思いで、世界各地を訪問し、茶道を広める活動を続けていらっしゃるそうです。

千玄室さんのお話からは、堂々とした生き方が伝わってきました。

藤川球児さん　時代に合った臨場感ある解説力

2025年のシーズンから阪神タイガースの監督を務めることになった藤川球児《ふじかわきゅうじ》

さん。

1999年から2012年まで阪神タイガースで投手として活躍した後、同年にアメリカ・大リーグにわたり、シカゴ・カブス、テキサス・レンジャースで活躍。2015年に日本の国内リーグに移り、同年に阪神に復帰したのち、2020年11月まで所属しました。

私は藤川さんの解説を聞いて、いつも「素晴らしいな。時代に合った解説とは、このことだ」と感じています。

藤川さんはピッチャー出身です。ですから、投手の心理を誰よりも深く理解されています。

そのため、投手が投げる球の一球一球について、「今、その球がどういう意味をもつのか」「次はどのコースに投げるのか」など、自分がピッチャーとしてその場にいなければわからないような、臨場感が伝わってくる解説ができるのです。

そしてピッチャーだけでなく、バッターの心理も的確に言い当てるのが素晴らしい。

2021年の東京五輪での日本チーム「侍ジャパン」の試合での解説ぶりは、「論理的で聞き応えがある」「わかりやすく、目からうろこの解説をしてくれる」と評判を呼びました。

一般的には、プロスポーツ選手出身の解説者は、比較的経験と勘に頼った解説をすることが多いようです。野球の場合、とくにピッチャー出身の方は、解説はあまり得意ではないと言われてきました。

ところが藤川さんは、まったくそんなところがありません。彼は解説のために詳細なデータとメモを用意して臨んでいます。

つまり、説明したときに誰もが納得できるような、根拠のある論理的な解説をしているわけです。ですから、「次に落ちるボールを投げれば三振でしょうね」など、予想がぴしゃりと当たるのです。

これほど細かく、ときに細かすぎるほど分析して解説をする方は、ほかにはいらっしゃらないと思います。私は大いに注目をして見ていました。

立川志の輔さん　新しい領域にどんどん向かっていく力

落語家の立川志の輔《たてかわしのすけ》さんのことは、彼が放送界に入ってきた頃から知っています。というのも、先にお話ししていた『朝のホットライン』のレポーターが、彼の、いわばデビューの場になったからです。

彼は明治大学在学中に落語研究会に所属して、落語を磨いてきました。落研の二年先輩には三宅裕司《みやけゆうじ》さん、二年後輩にコント赤信号の渡辺正行《わたなべまさゆき》さんがいます。

大学卒業後しばらくは劇団に所属したり、広告代理店で働いたりした時期があって、1983年、28歳で立川流に入門しました。演劇の勉強をしたことが、のちの芸風にも反映されたようです。

『朝のホットライン』のオーディションを受けたときは二ツ目でした。際立って着眼点がよく、しゃべりも抜群にうまいので、いの一番に合格しました。そして、番組内でいろいろなことにチャレンジしていきました。

彼のそういった仕事ぶりを見ている人がいるものです。次第にほかの放送局からの仕事も増え、一気に売れっ子になっていきました。

私は、『朝のホットライン』の放送終了まで、5年間を共にしました。ですから、彼の成長ぶりを間近で見ていました。

彼はとにかく真面目で、与えられた仕事に真剣に取り組んでいました。

落語の世界は、江戸時代から明治・大正時代に生まれた、いわゆる古典落語と呼ばれるものがきちんとできないといけないと言われます。しかし一方で、落語家自らによる新作落語も作らないといけません。

彼は出身地の富山弁での落語を披露したり、流派を越えた落語家のグループを作って落語会を開いたり、また新作落語が映画化されたりと、さまざまな挑戦をして、新しい落語の世界を切り拓いていきました。

おそらく、師匠の立川談志《たてかわだんし》さんが考えなかったところまで開拓したのではないでしょうか。談志師匠が現在の志の輔さんの活躍ぶりを目にしたら、「お前はこれぐらいの大きな存在になると、最初から俺にはわかっていた」と、そうおっしゃるのではないでしょうか。

千原ジュニアさん　面白い目の付け所を見つける力

ＴＢＳ『世界衝撃映像１００連発』で、10年近くＭＣとしてコンビを組んでいる千原《ちはら》ジュニアさん。彼も、表現者としての素晴らしい要素をもった方だと思います。少しいがらっぽい特徴のある声は、ちょっと聞いただけで彼だとわかる個性を備えています。背も高くて、見た目でも注目をひきますね。

加えて彼の素晴らしいところは、物事に対する観察眼の鋭さです。番組では再現ＶＴＲを流した後、ゲストにコメントを求めるのですが、彼は「あの映像の中、そんなことによく気がついたな」と思うところを拾ってくるのです。

彼は、普通の人だと見逃してしまいそうなことをしっかり見ていて、「ここはこうでしたよね」と指摘してきます。そのコメントを聞いて、番組を見ている人は「あっ、あれはそういうことだったのか」「なるほど、そこは気がつかなかったけれど、すごく面白い」と、続きを見たい気持ちにさせられるのです。


また、番組の企画にも積極的にアイデアを出してくれます。映像の合間に出題される「衝撃映像クイズ」で、「買い付け金額1位の映像はどれ?」という問題を出したのですが、これは千原ジュニアさんの提案でした。

何しろ49回を数えてきましたから、視聴者の方が驚く映像を手に入れるために、スタッフには毎回並々ならぬ苦労があります。

彼は、映像の内容ではなく、その映像を手に入れるまでの、裏側の過程が面白いと考えたのですね。大変素晴らしい発想だと感心しました。

彼は京都の私立の中高一貫校出身で、難関の進学コースで学んでいました。合格するのはなかなか難しかったそうですが、猛勉強をさせる学校の空気になじめず、高校は途中でやめてしまったそうです。

テレビの姿だけからはわかりませんが、もともと鋭い判断力をもった本当に頭のよい方なのですね。普段から、いろいろな視点で物事を見ていらっしゃることがわかります。

松井秀喜さん　真面目さと誠実さで周囲を動かす力

２００３年、松井秀喜さんは読売巨人軍からアメリカ大リーグのニューヨーク・ヤンキースに移籍しました。大リーグ関係者は当初から、彼の人柄の素晴らしさに注目していました。

大リーグの試合は年間１６２試合行われ、開催地間の移動も長距離になります。ですから、たとえレギュラー選手でも、十数試合に一度は先発メンバーから外れて休養を取るのが一般的です。

入団時の監督だったジョー・トーリ氏は、松井選手に対しても、最初は同じようにスタメンから外して休養を取らせていました。

ですがトーリ氏は、スタメンから外れたときの松井選手が、何とも言えず寂しそうな顔をしていることに気付きました。そこで、球団広報として松井選手をサポートしていた広岡勲《ひろおかいさお》さんに、「ヒデキはどうしてあんな顔をしているのかい」と尋ねました。広岡さんは「松井は、全試合に出場してチームに貢献することが、自分の務めだと思っているのです。日本ではそのように考えて、全試合に出場していましたから」と答えました。トーリ監督は、彼の生真面目な心構えに心を動かされ、「わかった。それでは、彼はスタメンから外していても、試合には必ず出てもらおう」と言ってくれたのです。

やがて彼の試合に対する真摯な姿勢を、球団関係者全員が知ることになりました。

松井選手はヤンキースで9シーズンを過ごし、最終年にはワールドシリーズのMVPとなり、世界一に貢献しました。その後、アナハイム（当時）・エンゼルス、オークランド・アスレチックス、タンパベイ・レイズと移籍して、2012年に引退を決意しました。

このとき、ヤンキースのオーナーである、ハル・スタインブレナー氏は、松井選手に粋な計らいをしました。それは、大リーガー現役最後の一日を、古巣のヤンキースと再度契約し、ヤンキースで始まった彼の大リーグ生活を、ヤンキースの選手として終えることにするというものでした。

ヤンキースタジアムで行われた引退式は、素晴らしいものとなりました。集まったお客さんたちは、彼のヤンキースでの活躍ぶりを忘れてはいません。かつて共に試合をした選手たちも集まり、彼の功績をたたえました。

このような形で大リーグ生活を終えた日本人選手は、松井選手がもちろん初めてです。アメリカ球界、そしてアメリカ人が、いかに彼の人間性を評価していたかがわかる出来事でした。

スタインブレナー氏は、引退後の松井選手を、ニューヨーク・ヤンキースのGM特別アドバイザーに任命し、若手選手の育成を依頼しました。それはもう十年以上続いています。現在のヤンキースの顔でもある、アーロン・ジャッジは、そうやって松井選手の教えを受けた選手です。

松井選手に育てられたスター選手が、今まさに、松井選手の後を継ぐ大谷翔平選手と競い合っているのです。実に素晴らしいことですね。

おわりに

テレビを見ると、いろいろなアナウンサー、キャスターが活躍しています。みなさん確かな技量をおもちなのだけれど、何かひとつ、表現者として胸にドーンと響くような力のある人は少ないように感じます。

それは、アナウンサー、キャスターが「しゃべりの職人」だと思われていて、実際に、自分が目立つ仕事をしたい、恰好よくやりたいと思う方が志望してくるからです。

私はもともと記者志望で、常に記者目線で考えて仕事をしてきました。自分でいろいろなことを調べて、それを自分の力でちゃんと表現して、視聴者の方に理解していただこうと考えていたのです。

欧米のテレビ界を見ていても、日本のアナウンサー、キャスターは、しゃべりの技術だけでなく、物事の本質を見逃さないリポートができるようにならないといけないことは明らかです。

にもかかわらず、日本のアナウンサー、キャスターは、いつも室内で仕事の発注を待っている。自分の足で外に出て、自分の目で確かめることをせずに、ナレーションやインタビューの依頼が来てから仕事をしています。

これでは単なる表現上の便利屋として使われていくだけでしょう。

少し前から、人間がやっていた仕事が次第にＡＩにとって代わられています。アナウンサー、キャスターの仕事も例外ではありません。朝のニュースを見ると、最初は局のアナウンサーが出てきてメインのニュースを1、2本読みますが、後は「ＡＩがお伝えします」と、コンピュータによる読み上げ音声に代わります。

コンピュータの音声は、少し抑揚がなく、力強さが足りないのですが、聞いて理解するのには十分です。

それを聞いていると、いずれほとんどの情報の伝え手は、アナウンサー、キャスターからAIに切り換えられていくだろうと思います。

アナウンサー、キャスターに限らず、「代わりが利かない」と思われてきた俳優の仕事すら、今やAIの脅威にさらされています。実際に映画の本場、アメリカのハリウッドでは、大規模なストライキが起こっています。

このような時代が訪れているからこそ、私たちはその時代、そのときに生きた人間として何を表現するのか、自覚をもって仕事をしていかないといけないのではないでしょうか。


私の結論は、放送現場で表現をして仕事をする人は、全員が「ブロードキャスター」であるべきだということです。

誰かから与えられたことを、表面だけを追って伝える仕事では、たちまちAIにとって代わられるでしょう。

放送人に限らず、どんな仕事に携わる人でも同じです。

個人個人が個性をもち、客観性と判断力をもって自分の言葉で伝えていく努力をする。

自分の、人間としての能力が問われてくるのです。

この本が、みなさんの「伝える力」を豊かにする一助となれば幸いです。

草野仁

2024年11月吉日

草野仁　年表

１９４４年	2月24日　満州国新京（現吉林《きつりん》省長春）で生まれる
１９４６年	長崎県島原市に引き揚げる
１９５９年	長崎県立島原高等学校入学
１９６０年	長崎県立長崎西高等学校に転校
１９６３年	東京大学文学部社会学科に進学
１９６４年	東京オリンピック開催
１９６７年	東京大学文学部社会学科を卒業　ＮＨＫ入局 以降鹿児島局、福岡局、大阪局で勤務 ツイッギー来日
１９７３年	読売巨人軍がＶ9を達成
１９７７年	ＮＨＫ東京アナウンス室に配属 白黒テレビ放送が廃止、完全カラー放送へ移行
１９８１年	『ニュースセンター9時』のスポーツ担当を務める（～１９８３）
１９８２年	五百円硬貨登場
１９８３年	『ＮＨＫニュースワイド』土曜日のメインキャスターを務める（～１９８４）
１９８４年	ロサンゼルスオリンピック総合司会を務める 第一回新語・流行語大賞

1985年	NHKを退職、フリーとなる
	TBS『朝のホットライン』総合司会を務める（〜1990年）
1986年	男女雇用機会均等法成立
	TBS『日立 世界ふしぎ発見！』総合司会を務める（〜2024年）
	東京サミット開催
1988年	ソウルオリンピック開催
1993年	朝日放送『朝だ！生です旅サラダ』司会を務める（〜1997年）
	日本テレビ『ザ・ワイド』総合司会を務める（〜2007年）
1993年頃	統一教会問題
1994年	松本サリン事件発生
1995年	阪神・淡路大震災　地下鉄サリン事件発生
	テレビ朝日系列『草野☆キッド』レギュラー出演（〜2009年）
2005年	ライブドアがニッポン放送の筆頭株主になる
2006年〜	テレビ東京『主治医が見つかる診療所』司会を務める
2009年	松井秀喜がMLBワールドシリーズMVPを受賞
2011年〜	グリーンチャンネル『草野仁の Gate J. プラス』司会を務める
2014年〜	TBS『世界衝撃映像100連発』司会を務める
2016年	テレビ朝日系列『極上！旅のススメ』司会を務める（1月〜9月）
2022年〜	BS朝日『草野仁の名医が寄りそう！カラダ若返りTV』司会を務める

著者略歴

草野 仁（くさの・ひとし）

東京大学文学部社会学科卒業後、1967年NHKに入局。主にスポーツアナウンサーとして、モントリオール（1976年）及びレークプラシッド（1980年）オリンピックをはじめ、全米オープンテニス、全米オープンゴルフ、プロ野球、高校野球など国内外のさまざまなスポーツの実況中継を担当。また、「ニュースセンター9時」「NHKニュースワイド」などの報道番組のキャスターも務めた。1985年2月 NHK退局後、フリーに。TBS「朝のホットライン」、日本テレビ「ザ・ワイド」、テレビ朝日「草野☆キッド」、テレビ東京「主治医が見つかる診療所」など数多くの情報番組、バラエティ番組の司会を務めた。中でもTBS「日立 世界ふしぎ発見！」は38年も続く驚異的長寿番組となった。著作も多く、近著に2013年『話す力』（小学館）、2015年『老い駆けろ！人生』（KADOKAWA）などがある。

SB新書　675

「伝《つた》える」極《ごく》意《い》

思《おも》いを言《こと》葉《ば》にする30の方《ほう》法《ほう》

2024年12月15日　初版第1刷発行

著　　者　草《くさ》野《の》 仁《ひとし》
発 行 者　出井貴完
発 行 所　SBクリエイティブ株式会社
〒105-0001　東京都港区虎ノ門2-2-1
装　　丁
本文デザイン　杉山健太郎
写　　真　稲垣純也
D T P
目次・章扉　株式会社キャップス
校　　正　有限会社あかえんぴつ
編集協力　甲斐ゆかり（サード・アイ）
編　　集　大澤桃乃、小倉 碧
印刷・製本　中央精版印刷株式会社

本書をお読みになったご意見・ご感想を下記URL、
または左記QRコードよりお寄せください。
https://isbn2.sbcr.jp/26082/

落丁本、乱丁本は小社営業部にてお取り替えいたします。定価はカバーに記載されております。
本書の内容に関するご質問等は、小社学芸書籍編集部まで必ず書面にて
ご連絡いただきますようお願いいたします。

ISBN 978-4-8156-2608-2

SB新書

ソニー再生の立役者が次世代を担う人々に向けて語る、働くことの本質

仕事を人生の目的にするな

平井一夫

生きづらさの原因となる2つの障害「愛着障害」と「複雑性PTSD」をわかりやすく解説

愛着障害と複雑性PTSD

岡田尊司

開戦前夜の朝鮮半島危機の全貌を描く、渾身の書き下ろし！

火を吹く朝鮮半島

橋爪大三郎

今すぐ資産を守り、本物の資産形成に取りかかれ！

大波乱相場、お金はこうして守れ！

澤上篤人

英文の技や面白さを読み解く、「英文鑑賞」の入門書！

名文で学ぶ英語の読み方

北村一真